政协委员传记丛书

中国政协文史馆 编

大美為真

杨晓阳传

梁腾 著

中国文史出版社

目　录

第三章 三十功过尘与土——西安美院三十年

第四章 十年磨一剑——国家画院十年

第五章 慈善事业

第六章　政协提案

第七章　杨晓阳论艺精选

杨晓阳简介

　　1958 年出生于陕西西安。1979 年考入西安美术学院国画系，1983 年毕业，同年考上研究生。1986 年毕业并留校任教。曾任西安美术学院国画系副主任、主任。1994 年出任西安美术学院副院长，1995 年主持全院工作，1997 年任西安美术学院院长、教授、博士生导师。2009 年调任中国国家画院院长。

　　现为全国政协委员、中国美术家协会副主席、中国文联全委、国家"三五"一级人才、国家有突出贡献专家、教育部高教名师。

　　杨晓阳在创作、理论研究、教学、美术学院和画院建设以及推动中国美术事业的发展和重大活动的组织等方面有重要贡献。

一、在西安美术学院期间工作情况

　　在西安美术学院担任系副主任、主任、副院长、院长 20多年来，致力于创建中国特色的美术教育体系，做出了很多贡献。

（一）根据西安美术学院的实际情况，总结西安美术学院四大传统：1.博大精深的历史文化传统；2.丰富多彩的民间艺术传统；3.革命的延安文艺传统；4.长安画派、黄土画派传统。

（二）教学上提出四大基础：1.绘画基础：四学（解剖学、透视学、构图学、色彩学）四写（素描、速写、默写、临摹）；2.中西美术史基础；3.书法基础；4.陕西文物考古基础。

（三）对教师提出"三进""三出""三能"要求。"三进"：教师进课堂、教材大纲进课堂、示范与示范作品进课堂；"三出"：每课结束后要出展览、出总结、出课外作业；"三能"：教师必须能讲、能画、能写。

（四）对西安美术学院的学科建设提出"弘美厚德、借古开今"的院训，努力办成最具中国特色、规模最大的美术学院，提出中国特色美术学院的三大办学理念："大美术、大美院、大写意。"

1. "大美术"是中国特色美术教育的内容，课程要适应社会需要，"眼目所见，无非美术"，社会需要什么，美术学院就应该研究设置什么。

2. "大美院"是中国美术教育的形式，其概念有两个：一个是扩大办学规模，当时20世纪90年代中国只有八大美院，要扩大全人口学习美术的比例。为了推进"大美术"，必须

"大美院"。第二是美院必须打破围墙，向社会学习，向生活学习，向民间艺术学习，应该关注社会问题。以上两点是中国美术教育的内容与形式问题，内容要全，形式要大，但是形式与内容不能解决精神实质问题。

3. "大写意"是中国美术教育的精神。中华民族是一个写意的民族，写意不是一个画法、一个画种、一种材料，它是一种精神、一种观念。中华民族写意不同于西方的写实与抽象，是将写实与抽象作为其绘画元素，追求在其之上的最高境界。经过改革开放以来几十年的实践，大美术、大美院已经成为现实，大写意已经在美术界展开了持续的讨论。习近平总书记两次提到写意精神，他在文艺工作座谈会中提到，"'写意'已经成为一种世界时尚"。

在三大理念的推动下，西安美术学院做了一系列的改革。从扩大招生，到扩大校园、抢救民间艺术与古代文物、面向全国招生，最终在教育部评估期间获得全优的好成绩。西安美术学院在西部崛起，成为省属美术学院中唯一的博士授权单位，在全国八大美院中，与中央美术学院、中国美术学院同时具有博士授权资格。除此之外，对外开放、创办分院和与海外美术学院建立校级关系联络也都居于全国美术学院前列。西安美院办学规模、办学效益大幅度提高，硬件与职工住房居于全国高校前列。同时，创作也取得丰硕成果，仅就十届美展来讲，全院得奖牌12块，数量最多，列全国美院之首，体现了西安美术学院的办学水平与办学实力，在全国产生很大影响。

在任期间，校园面积扩大 20 倍，固定资产增加 34 倍，办学特色显著加强，创办"中国特色美术教育体系"的教学实践获得陕西教育成果特等奖、教育部教学成果二等奖。

二、在中国国家画院期间工作成果

2009 年调任中国国家画院，担任院长职务。在上任之初即开始着手以走访调研、提出任务、确定功能、重新布局的四大步骤，找出制约画院体制发展的症结，提出针对性的解决方案，在短短几年时间里，使中国国家画院的各项工作取得了跨越式的发展，并提升了中国美术在全社会的整体影响力。具体如下：

（一）确定职能。提出中国国家画院的五项工作职能：创作、研究、教学、收藏、普及交流。

（二）成立八院。2010 年成立了 8 个专业院，分别为国画院、书法篆刻院、油画院、版画院、雕塑院、美术研究院、公共艺术院和青年画院，完善了学科专业，完成了对美术各专业的全领域全覆盖。

（三）聘任专家。以专聘结合的方式，建立了一支由各学科专业知名专家、学科带头人组成的近 300 人的研究员队伍，并形成了顾问、院委、研究员和各专业研究所等四级专家梯队，组成中国美术界的"国家队"。

（四）科学布局。形成了 1 部（创研部）、8 院（8 个专业院）、5 个中心（艺术信息中心、艺术教育中心、艺术交流中心、当代艺术研究中心和文化产业研究中心）和 10 个基地（覆盖国内外的 10 个创作基地）的完备体制。

（五）提出院训。提出了"大美为真"的学术追求，并以此为院训，这也是中国国家画院以创研为工作重心的重要保证。

（六）大型展览。近年来举办了数量众多且具有重要影响力的学术活动，包括以"东方既白""中国风格·时代丹青——全国美术作品展""写意中国""艺术·经典""大美东方"为代表的展览和数次国际学术研讨会，以展览动力带动创新研究。

（七）举办院庆。2011 年举办建院 30 周年庆典系列活动，包括在国家博物馆举行美术作品展，在人民大会堂举行庆典仪式，受到党和国家领导人、美术界和全社会的高度评价。党和国家领导人出席或参加庆典系列活动，空前重视，对提升中国美术的整体影响力，促进文化大繁荣起到重要作用。

（八）梳理历史。拍摄以"水墨年轮""岁月丹青"为代表的多部专题片，举办"南北对话"展和"新中国美术家"等大型系列展览。整理新中国美术文献，对展现、抢救、整理整个艺术界及老艺术家的文献资料做出填补空白的重要贡献。

（九）基础建设。

1. 扩大院园。在上级领导以及国家发改委、原文化部、北京市政府的支持下，院址东扩工程成功进入收尾阶段。届时，院内占地面积增加一倍，建筑面积扩大近五倍。目前项目主体建筑已封顶。

2. 创建基地。在全国范围内成立了多个创作基地，包括国展美术中心圆明园创作基地、盘龙谷创作基地，同时在内蒙古、陕西、山东、江苏、广东等地也都成立了创作基地，对带动地方文化艺术事业的繁荣发展起到重要的推动作用。

3. 海外推广。在美国纽约、德国杜塞尔多夫和法国巴黎分别成立创作中心，将中国美术和国家画院的影响力辐射到美洲和欧洲。

4. 基础建设。几年时间里，对院内现有建筑及办公设施进行长期、持续的更新、改造，逐步淘汰老旧办公设备，提升工作效率。同时对院内的草坪、池塘、老旧管线逐步改造，使院内整体面貌焕然一新。

（十）外事工作。在文化部外联局、对外友协的支持配合下，坚持走出去、请进来。近几年，先后派出多批艺术家队伍走出国门，到美国、俄罗斯、法国、英国、德国、印度尼西亚、泰国、毛里求斯等国家以及中东等地区进行文化交流，举办展览、座谈等等，在当地引起重大反响，对推动中国美术的国际化发展发挥重要作用。

（十一）公益事业。

1. 成立中国国家画院扶贫基金。

2. 赴广西、湖南、甘肃、青海、宁夏等地区扶贫，捐款捐物500余万元，同时邀请贫困山区优秀学生赴北京，举办"圆梦北京夏令营"活动。

3. 组织为地震、水灾等受灾、受困地区及首都下岗职工、困难人群捐款、捐物、捐画多次，累计金额巨大。

4. 在延安创建"中国画家林"，植树上山，资助 700 所学龄儿童。

5. 在广西三卡屯修建新村，90 多户贫困山区百姓住上新房。

（十二）创作、研究专业活动。

1. 策划、主持了包括美术作品展、研讨会、采风、交流等在内的多项具有全国乃至国际影响力的学术活动，成功将"时代丹青"美展引入国家艺术节。开辟了海外展览，尤其是历时 5 年的大型国际美术工程"'一带一路'国际美术工程"，首次以中国标准组织丝路沿线 50 多个国家 200 余位优秀画家共同创作，成为新时代中国美术发展创举。

2. 主编出版了多部美术作品集和论文集，包括：（1）《东方既白——中国国家画院建院 30 周年作品集》；（2）《第 9 届中国艺术节·全国美术作品展览作品集》；（3）《首届艺术品产业博览会·艺术经典美术作品集》；（4）第 12、13、14、15 届上海国际艺术节《写意中国——全国名家邀请展作品集》。

3. 担任国家社科基金重点科研项目《中国画院史》主持人。

4. 完成国家社科基金项目《中国风水与现代环艺》，已结题。

5. 美术作品《生生不息》《苦水社火》《农民工》《雪域》

《大唐盛世》等参加包括由原文化部、中国国家画院、中国美协、中国文联以及各文化机构主办的各类展览。

6. 《丝路长安》《黄巢进长安》《塔里木风情》《太宗纳谏》等被人民大会堂、全国政协、国家博物馆、军事博物馆、长城博物馆、中国美术馆等收藏陈列。

7. 担任第9届、第10届"中国艺术节·全国美术作品展"艺委会主任，以及全国美展、青年美展、造型艺术展、中国美协终身成就展等众多展览的艺委会评委会领导职务，对推荐、选拔优秀人才，提升中国美术的整体质量和水平，发挥重要作用。

2016年12月开始，以"丝绸之路——从写实到写意杨晓阳美术作品文献展"为题目，开始在全国14个省市巡展。该大型个人展规模宏大，内容丰富，在全国引起巨大反响，极大地推动了全国画界融合国家战略的创作活动，受到各界高度评价。

第一章

灰色少年

启蒙：老中医曾祖父

1958 年 12 月 31 日，杨晓阳出生在陕西西安。西安是中华文明和中华民族重要发祥地之一，历史上先后有 13 个王朝在此建都。丰镐都城，秦阿房宫、兵马俑，汉未央宫、长乐宫，隋大兴城，唐大明宫、兴庆宫等勾勒出了这一"长安情结"的雄伟轮廓。

早在 100 万年前，蓝田古人类就在这里建造了聚落；仰韶文化时期，这里出现了城垣的雏形。2008 年，西安高陵杨官寨出土距今 6000 余年的新石器时代晚期城市遗迹，被选为当年中国考古发现之首。这是迄今为止中国发现的迄今最早的城市遗址，也将西安地区的城市历史推进到 6000 多年前的

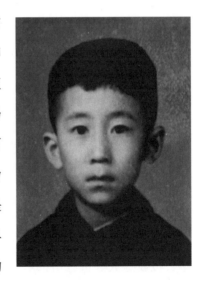

杨晓阳童年

新石器时代晚期。

近现代，这里出现了由石鲁、赵望云、何海霞、方济众、李梓盛、康师尧、黄胄、罗铭等人创立的长安画派。他们自 20 世纪 40 年代始就生活在陕西，并从事艺术创作，一反清末民国年间中国画坛摹古不化之风。他们大胆走向生活，大量写生创作，为陈陈相因的中国画注入了新鲜血液，形成陕西独特的画风。

中华人民共和国成立后，刘文西于 20 世纪 50 年代一举成名，80 年代又倡导黄土画派。陈忠志、王子武、崔振宽、赵振川、罗平安、王金岭、李世南、王西京、王有政、郭全忠、苗重安、徐义生、江文湛、徐庶之、张振学、张义潜、王炎林等一大批画家活跃于陕西画坛。他们继承发扬长安画派"一手伸向传统，一手伸向生活"的优良传统，立足黄土，扎根生活，反映现实，凭借着深厚的文化积淀、浓郁的乡土风情，以新的审美情怀和语言方式，构成了鲜明的艺术风貌。这其中也包括了"文革"后从西安美院毕业后稳步走出的杨晓阳。

杨晓阳生长在一个医生、教师和文物干部的家庭。由于父母工作忙碌，直至上小学他都是跟着他太爷爷（曾祖父）一起生活。他有两个妹妹，但按过去的说法，也算是家中的独子，所以备受太爷爷的关注。

在这个受传统文化影响颇深的家庭中，太爷爷的行医、读书，以及为人处世方法都潜移默化地影响着杨晓阳的成长。

太爷爷在西安一带是个有名的中医，当年国家在抢救中医时，他就被列为被"抢救"对象。太爷爷擅长三种疑难杂症的治疗，一是肝癌，二是癫痫，三是不孕不育。过去没有退休制度，太爷爷89岁仍旧在医院工作，并带着十几个徒弟。由于年迈，加之国家重视，医院给他单独提供了一个院子供其生活和开诊。这个院子共有两户，一户是一个老红军，另一户就是太爷爷。门诊房间大概十来平方米。当医院门诊有解决不了的病症，病人就会被介绍到这里给太爷爷问诊。

"文革"期间，太爷爷被打成反动学术权威，被迫从医院院子中搬了出去，在城乡接合部租房安屋并义务出诊。老太爷是菩萨心肠，除了看病，他还为不少有困难的邻里垫付药费，很受大家的尊重。

杨晓阳两岁时生过一场病，正好太爷爷在外地开会未回，家里就把他送到隔壁的西医诊所治疗。西医误将他当成感冒发烧处理，治疗了一个礼拜未见好转，还险些丧命。太爷爷回来后一看，说："不像是感冒，像是出麻疹。先把之前的药停了！"药停后，吃了服中药让麻疹发出，就慢慢恢复了。

养病期间不让出门，杨晓阳做了一件事，他将太爷爷抽的"金丝猴"烟上的金丝猴剪了下来贴到了窗户上。剪多了后，他不满足剪有图案的形象，就开始直接用报纸剪。家里看到杨晓阳剪得有模有样，就给他弄来了彩色纸，红的、黄的、绿的、白的……太奶奶将剪好的图案贴在废弃的药箱子做成的纸板上，成了他的剪纸作品。每当家里来客人，家人就会拿出来展示，众人赞不绝口。这也让杨晓阳对剪纸艺术产生了极大的兴趣。

"文革"结束以后，太爷爷已经 80 多了，地方政府落实平反政策，给了他一个独院。他很少出门，除了看病、会友外，就是在院子里坐一坐，有时拄着拐棍看书。太爷爷的笔墨一直在桌上放着，每天不是写字抄书就是开处方，毛笔永远都不会干。

跟着太爷爷的时光让小时候的杨晓阳有了对毛笔的认知。年幼的杨晓阳拿毛笔的时候还不认字。有时趁太爷爷不在，杨晓阳就偷偷用桌上的毛笔乱写乱画。太爷爷发现后却没有制止，而是让杨晓阳站直了好好写，并告诉他毛笔应该怎么拿，"两个手指夹住，像这样，中指勾回来，无名指顶出去，小指头给无名指助力"，还说"写字要坐正，心要正，身要正，姿势要正"。接着抓着杨晓阳的小手写了个"一"字，接着"二""三""四"一直写到"十"。日子一长，他又慢慢知道，小字要端坐着写，最小的字要用指关节，稍大的中楷要用手腕，再大要用肘力，更大的就要站起来写。在练习的时候，还会在笔上放一个铜钱，铜钱不能掉下去，又知道了"指实掌虚，中锋用笔"。

1965 年 9 月，7 岁的杨晓阳开始上小学。因为上幼儿园时杨晓阳就学习了小学一年级的课程，因此上课不专心，惦记下课打乒乓球，所以当时学校经常找家长反映，最后了解情况后，商定在上二年级时直接跳级到了三年级。四年级结束后，五年级因学制改变，与六年级课程合并，最后杨晓阳小学共上了四年。直至初中、高中，他一直是班中年龄最小的孩子，以致在校连小组长都没当过。虽然如此，但他多才多艺，小名堂拿来就会，从小学到高中，一直承办黑板报和宣传栏，很活跃。

第一位美术老师：
父亲与《苏联中等美术学校素描教程》

杨晓阳的父亲叫杨建国，是从甘肃兰州的西北师范学院（今西北师范大学）毕业，学的是油画。

杨建国在上大学之前，受杨晓阳太爷爷影响，想考文史专业，今后做学问。恰巧西北师范学院招收音乐美术生，他与同学结伴尝试，没想到被提前录取。

当时任系主任的是留法归来的吕斯百。那个年代西画在国内兴盛，加上当时不少教师是留法回来的，所以基础课都是西画，课程包括油画、水彩、素描、版画等。即便在此兼课的黄胄也只带速写，他所画的国画也是速写的转化，与传统相去甚远，并没有人认为他是个国画教师。后来杨建国慢慢发现，那些从法国回来的老师不同于平时见到的国内画家，自己可以从中了解到很多不同的艺术理论，这样也就逐渐稳固了自己的专业方向。

毕业后杨建国就留了校，给艺术理论家洪毅然做助手抄稿子。后因家里有老人，几年之后又回到了西安。回到西安，杨建国油画就画得少了，除了"文革"期间画宣传画外，就是画了一些水彩，刻了一些版画。"文革"结束后，杨建国将主要精力放到了国画、书法上。国画从开始的人物画转向花鸟画，最后依归山水画。书法就以魏碑和《石鼓文》发展起来的行草书为其代表风格。

杨建国回到西安时带回了很多画册，国画的、油画的，中国的、俄罗斯的、法国的，等等。杨晓阳拿着这些画册如饥似渴地临摹学习。可惜的是，后来这些书被迫拿去焚烧清理，特别是国外的美术书籍，其中还包括杨晓阳小时候的剪纸作品，这令杨晓阳痛心万分。

在专业上，杨建国已发现儿子很爱画画，随即有计划地安排杨晓阳按照《苏联中等美术学校素描教程》（以下简称《教程》）入手学习。书中每一个作业都有解说，从石膏几何形体开始，然后画静物，再画石膏像、人头像、胸像、全身像，接着画人体、画组合，然后画风景。在父亲的安排指导下，杨晓阳进行了系统且完整的训练，并在家

杨晓阳的父亲与母亲

藏的画册中，他了解了不少俄罗斯油画和中国古典绘画。

在学习了《教程》之后，杨建国感觉应该安排儿子画一些有深度的东西了，便开始带他外出写生。

西安有个群艺馆，经常会组织画家去写生，写生的时候杨建国就会把杨晓阳带在身边。当中就只有杨晓阳一个小孩，其他都是当地有名的画家。如果按《教程》学习，是没有速写的，但他父亲受黄胄影响，对速写十分重视。杨晓阳就跟着去画速写。同行的画家看到杨晓阳一路的作品，颇有些惊叹，看他入手造型能力敏感度强，就郑重地对他说："这以后就要画画了，你以后就要学画了。"因为本来小学跳了级，加上小学学制又只有五年，他比同届学生小了两岁，他便休学了一年，直接跟着这些名画家写生画速写。

音、体、美兼修

1969年，11岁的杨晓阳就上了初中。因同学父亲在收购站工作，杨晓阳有机会从收购站大量废书中阅读到国内外经典名著，几年时间养成了快速浏览的习惯，在图书贫乏的时代，有幸读了大量的历史和古典文学著作，杨晓阳收获非常大。

杨晓阳从小就爱好广泛，除了美术，音乐、体育也擅长，不仅在学校乐队担任手风琴手，还能演奏各种小乐器。他的体育老师是北京体院庄则栋的同班同学，对杨晓阳乒乓球训练很鼓励，曾说杨当时很像年轻时的庄则栋，他的乒乓球也在所有上过的学校中皆获得过第一名。由此深得美术、音乐、体育老师重视。所以上了高中，他就进了文体专业班。

那个时候会将学生分成专业班，比如医疗班，毕业后就能有专业能力下乡做医生，文体班毕业下乡就会成文艺骨干。有美术、音乐、体育特长的学生都被分到了这个班，这样杨晓阳便开始了他的绘画之路。文体班不用学数理化，对杨晓阳来说有足够的时间做专业。

在班上美术、音乐、体育都需要学，这些正是杨晓阳所喜爱的。这个班级没有固定的班主任，美术老师、音乐老师、体育老师会同时管理这个班，他们相互之间对彼此专业都非常重视。有一次通夜画画，并与秦百灵老师一起用被子蒙窗偷放世界名曲，废寝忘食。他还常在礼拜天全天打篮球、乒乓球。中间还会经常下乡演出，画插图、连环画等。他15岁时，被陕西军区和一个炮兵部队点名招兵，不过当兵未成。

第二章

从艺之路

西美拜师

1976年，16岁的杨晓阳高中毕业。他插队落户到陕西长安内苑公社。由于一开始就劳动卖力，被评为"先进生产者"，并公派去大寨参观学习，后被借调参加"两账一馆"，画了大量插图。当时还正式拜了谌北新、杨健健夫妇学习素描、色彩。

在杨晓阳眼里，谌北新是中国风景油画第一人。谌北新被马克西莫夫认为是班上油画风景色彩最好的画家，曾被表扬是中国的色彩大师——伊凡·伊凡诺维奇·希施金。杨晓阳跟随谌北新、杨健健学习素描色彩，打下了良好的基础。每一次给老师看画时，也同时拿给伍德祖、张雪茵两位老师看。

17岁时，杨晓阳上石砭峪水库修水库。由于劳动出色，又被水库指挥部评为"先进生产者"，后被调任施工员。这一年，他报考了西安美院，但在积压人多、不限年龄、高手很多的情况下失利。

痛定思痛的杨晓阳下定决心备考。跟几位老师学习一两年

恩师刘文西夫妇

后，杨晓阳逐渐明晰自己将来考学要考的是国画而不是油画。他想，虽然谌先生是马克西莫夫的学生，但他自己毕竟接触不到油画原作。谌老师知道后，主动介绍陈光健老师给杨晓阳，于是他开始转向国画，接触到了刘文西、陈光建夫妇。

起初，杨建国带着他拜见了老朋友陈光建，陈老师一看就说："文西啊，建国的这个孩子速写画得很好。"杨晓阳自己清楚，因为经过系统的《教程》训练，又跟着他父亲和群艺馆的画家写生，还跟过谌北新、杨健健以及伍德祖、张雪茵两对夫妇学习，这几位老师是西美最好的老师，他信心满满。这之后，他向陈光建老师继续学习速写，并开始系统学习中国画，每画上几天就会拿一堆作业去请陈老师点评，同时也会得到刘文西老师的指导，获益很大。

在刘文西的隔壁，住的是伍德祖。伍德祖在印象色彩上有突出造诣。当杨晓阳拿的作业中有色彩时，刘老师就说："我们也不画色彩，你拿给隔壁伍德祖老师给看看。"就这样，杨晓阳每次作业都会有刘文西夫妇、谌北新夫妇、伍德祖夫妇六位老师指导。1979 年，他考入了西安美院国画系。

美院的训练

　　杨晓阳很珍惜遇到的这几位老师，刘文西到陕北写生时就会带上杨晓阳。刘文西的教学方法并不是滔滔不绝的，他不太讲，就是告诉学生怎么做，按着这个做就行，准没错。在一次暑假到陕北冯庄写生的过程中，刘文西对杨晓阳说："你比较概括的那种速写画得很好，但是你不会画慢写，慢写对今后创作有用。"杨晓阳平时画的速写都是 15 分钟左右，一开始不太了解如何深入，刘文西便让他在一旁看示范，普通的速写纸，一画就是一个小时。杨晓阳也便沉下心来，一画竟也能画上两三个小时，自己凑近端详后发现那么小的画面让内容充分了不少，于是明白了些画理。

　　那一次下乡，刘老师要求每天画 10 张速写，一个月就是 300 多张。到后来杨晓阳自己带学生下乡写生也延续了刘老师的要求，每天画 10 张。有学生会好奇为什么是 10 张，因为 10 张正好能完成。这也是效仿刘文西老师的。刘文西从早画到晚，先画上四五张细致的慢写，然后掏出小本，走着画着，走着画着，几分钟就能够画一张。下乡的时候，刘文西有三套训练功夫：一是每到一个地方，便找一个板子到村民家里，或把村民请到自己的住处画水墨；二是在田间地头，找能坐得住的村民画上一个多小时大尺幅的慢写；三是从口袋里掏出一个很小的本子，随时拿在手里走着画。这三套训练法让杨晓阳铭记在心，延续至今。

杨晓阳总结出，有的画家下乡只会画三两笔的速写，作为素材没有很大的用处；有的画家只会画慢写，到人家家里画一上午也就成一张写生作品，但永远画不了创作。刘文西教法就是快时两分钟能画一张，细致时能将一张画深入画一天；课堂上画，即便用几十个小时、几个月也还能不断继续深入。从最快的到最慢的、最粗的到最细的，全都得训练。刘老师桃李满天下，能带着整月下乡训练的并不多，但这个经历让杨晓阳知道了绘画的训练是有方法的，同时要有毅力，有时间的磨炼。

另外，杨晓阳还观察到，开始学画画的时候，大家经常会把铅笔削得很长，刘文西正好相反，他是将铅笔削得很短，因为削长了以后不能使劲，一使劲铅笔就容易断。而执铅笔的方式是直立于纸面的，且非常有力，画出来效果类似米开朗基罗，又有毛笔中锋的效果。其他画家画面呈现的调子是擦涂抹出来的效果，而刘文西的画近看都是线，结构严谨，勾线有力，很少改动，一气呵成，最后根据画面需要再掏出橡皮，还能修改。我们看到的法国画家就是如此，这不同于俄罗斯画家。杨晓阳认为我们所说的全因素素描调子是苏联画家的发

杨晓阳 1983 年作《黄河艄公》

挥，被不理解的中国画家误解将其僵化了。几年下来，在刘文西、谌北新、伍德祖等老师的指导下，杨晓阳进步飞快，加上自己的勤奋，可以说基础已经打得十分扎实了。

　　杨晓阳很珍惜在美院的时间，上美院后他更加地废寝忘食。学校风气非常好，吃完晚饭同学们就会在院子里聊艺术，然后回到教室画画。但是教室一般是晚上 11 点熄灯，教室熄灯后宿舍就开始灯火通明，国画系的学生就会在宿舍练字。学生每天要加班加点，有时怕被老师发现，就会用被子盖住，其实是在里头练字。

　　在美院，老师与学生关系非常近，而且都是住在一个院子里。当时的党委书记兼院长刘蒙天就是和学生住在一个院子里，经常会拄着拐棍在院子里转。刘蒙天是老延安，他的版画代表作《红军强渡大渡河》《治沙成良田》令人印象深刻。一次周日在院子里散步，刘蒙天见到杨晓阳，用拐棍指着说他："杨晓阳，日子长着呢，晚上不要老加班，画到那么晚，看你脸色蜡黄。""没有的事儿，没有加班。""你莫要骗我，我知道你。"

　　没上美院之前，杨晓阳除了画画，还会跟着父亲练习写魏碑，写颜体，写《石鼓文》。杨晓阳学书法除了跟随太爷爷和父亲，还拜过西安的刘自椟先生。刘擅篆、隶、行草，尤以篆书见长，结体特点上实下虚。所作篆书得力于秦《峄山碑》并兼取各家，其中一大贡献是将小篆融入大篆之中。在拜他做老师的时候，杨晓阳已经是西安美院国画系主任，刘自椟先生很谦虚，他说："咱们是同志，不敢称老师。"但杨晓阳终生对他尊敬如父。

西北壮游

　　杨晓阳的本科毕业创作是刘文西带的。为了这次毕业创作，杨晓阳从大学三年级就开始准备了。在刘文西的带领下，他下乡去陕西绥德、米脂、吴堡县一待就是两个月，与黄河船工同吃、同住、同拉纤，收集了大量素材，创作了大量速写、笔记等，得到了很大的锻炼，也让他感触很深。这次下乡除了促成了杨晓阳的两幅重要的作品——《黄河艄公》和《黄河的歌》之外，还让他做了一个重要的决定——考研。

　　这次下乡，跟着刘文西的还有研究生师兄张立柱。陕北的窑洞依山势走向而建，与山势融为一体，气势恢宏。但一到晚上，窑洞中乌黑又没有电，就只能坐在院子里谈天。

　　张立柱说："刘老师，我看晓阳这次创作进步很大，看了草图，功夫下得够，创作的构思很不错。"刘文西频频点头。

　　张立柱回过头来又对着杨晓阳说："你明年完成这张毕业创作，应该直接考刘老师的研究生。"

　　杨晓阳低声回答："研究生……我没想过那么远。"

这时刘文西呵斥："那你现在开始想！"

杨晓阳还是没敢多想，说："考研究生怕是自己能力还不够。"

张立柱回道："行不行不是你说的，刘老师说你行就行，刘老师说你不行就不行。"

刘文西缓缓说道："我看可以。"

从这之后，杨晓阳又多了一个去处，就是到西安外国语大学学习外语。说来也巧，一次偶然的机缘，杨晓阳认识了稍长于他的西安外国语大学的团委书记，这得以让他挑选到好的班级学习日语。书记问他："为什么不学英语？"杨晓阳很明确地答道："我很快就要考试，英语要记6000个单词才有可能考过，日语以前有一点底子，拾起来的希望比较大。"

据杨晓阳回忆，他与这个书记此前也就是一面之交，后来书记成了陕西省的教委主任，他们的友谊也伴随终生。

通过努力，杨晓阳本科毕业就考上了研究生。研究生一年级，他用很大精力研究了人体结构解剖，完整画成四本解剖作业。之前还未毕业时，他曾借读陕西师范大学中文系，旁听补习古典文学，向高元白教授等专家悉心请教。此时，中国画《六月》还入选第六届全国美术作品展览。

1985年，研究生二年级，是杨晓阳终生难忘的一年。在学完了研究生一年级的《资本论》等课程后，同学相约暑假郊游。经过一番激烈讨论后，最终决定沿着丝绸之路骑自行车从西安出发至新疆，计划来回两个月时间。一听要骑车去新疆，三四十个各年级的同学都兴致勃勃。但临近暑假时，决定参加此行的已经不剩几人。最终和杨晓阳一起出发的有韩宝生、应一平、宗维新、晁汝愚、刘军等六人。具体到日子，是1985年的7月10日。

临行前，杨晓阳攒钱买了辆变挡的自行车，380元。要知道，当年的一辆永久牌自行车才80多元。这辆变挡自行车也代表了杨晓阳一行的决心。

接着，他们开始了新疆之旅，经兰州、甘南、合作、禄曲、西宁、青海湖、互助县，翻日月山、达坂山，过河西走廊到敦煌、榆林窟、阿克塞。然而旅途并没有想象中的浪漫，从到了甘南开始就愈发艰辛，有两位同学骑到兰州便开始返回。

河西走廊

到了敦煌，剩下的几位同学有了分歧。一位同学因前期骑太快，体力透支而吐血，坚持到敦煌有些动摇了。有说可以搭顺风车的，有说能骑到敦煌已经相当不错

杨晓阳与当地居民合影

了。最后就剩杨晓阳和宗维新一起经星星峡、哈密进入新疆鄯善、达坂城到乌鲁木齐。这一路两天一夜的无人区，白天远远看到有卡车也喊不停。好在是夏天，夜晚月光照耀着黄沙，微微有些光亮，也就是这支撑着他们一直前行。他们只有在中午暴晒时需要找树荫歇息，喘息一阵，再继续走。此时他们的左半身早已被灼伤，皮下组织也已经坏死，里边的汗流不出来，开始溃烂，到青海时根本无法入睡。

去程总共三个月，千辛万苦，千难万险，但每天都有新的感受、新的收获，"大漠孤烟直，长河落日圆"大西北壮阔着人的胸怀。

杨晓阳从西安出发时，曾给新疆师大的同学周勇发了一封信，说了要去新疆写生的事。

周勇收到了信件，以为是玩笑话，因为离出发时间已经过

去三个月了。到了乌鲁木齐，杨晓阳找到周勇家时已经是半夜。敲门没人应答。最后周勇探出半个头看了半晌，说："真是你啊!"周勇听声都不敢认，因为他们已经累到声音都变了。

到达乌鲁木齐后，杨晓阳又独自去库车，找到部队，在新疆步兵第四师炮兵团结识刘水恭等，免费住部队，为水库题榜书，被库车农牧局搞宣传陈列展览了十天。后又到拜城克孜尔千佛洞、库木土拉千佛洞、高昌、交河故城等处考察写生。还在吐鲁番葡萄沟遇谢元璜、陈妍，一起写生，画成速写数十幅。回程时已经是 11 月 10 日，整整四个月过去。大雪开始来袭，身上的钱早已经花光，不得已只能卖掉他的自行车，买了皮衣，返回西安。新疆之行结束。

第 三 章

三十功过尘与土
西安美院三十年

留校风波

  杨晓阳研究生还未毕业，时任西安美院副院长的刘文西就已经带着杨晓阳办一些学院的公事，包括带着他去为学校争取经费、批项目。这样，杨晓阳就开始参与学校的工作。

  杨晓阳毕业前夕正值改革开放初期，是深圳大繁荣、大发展时期。不少人会往深圳走，就像当年有志青年奔赴延安一样。早些年从西安美院毕业的张维军毕业后就到了深圳，几年下来不但自己开了公司，还成了政府组织的深圳装饰总汇会长。杨晓阳和同学听闻师兄在深圳，便在毕业前夕去了趟深圳。到了深圳，张维军带

青年杨晓阳

着他们见了中建四局的领导，赶上中建四局正在建国贸大厦，领导说："你们毕业了正好到这儿来，在中国盖楼的不少，但装修不行。你们学美术的，正好需要你们。你们过来，我给你们组建一个装修公司。"杨晓阳并不知道什么是装修，只知道都是外国人在挣咱们中国人的钱。回到西安后，他开始学习，到北京、到国外各地找资料，做策划方案。

在做方案过程中，被刘文西看到了。

刘文西问："在忙什么呢？跑来跑去不见人。"

"我在深圳给一个公司做装修方案。"

"你忙这些干吗？"

"这不即将毕业，打算去深圳。"

"怎么想着去深圳？"

"那我毕业也不知道做什么。"

"学校培养你就是想让你留下来在学校画画、教学，你怎么想着去深圳？"刘文西说。

杨晓阳这才知道，原来老师已经早有了初步的安排。不久，他的研究生毕业创作展出了《大河之源》组画 7 幅、速写 200 余幅。论文答辩与先生们激烈辩论，经方济众调解以 4:1 超时通过，获硕士学位并留校任教。

留校的第二年，西北五省财政厅合资在西安盖了一个宾馆，叫作西北饭店。饭店落成后需要一些软装，20 多个公共空间和 300 多个房间都需要有画。西安美院接了这个任务，委派杨晓阳做总体设计和监制。杨晓阳组织了学校的教师进行绘画创作，并安排一些毕业生做后勤管理等工作。这项工程花了将近两年时间，最后报酬都是按人分配。他创作了青绿山水大型壁画《阿房宫赋》，又与赵步唐老师合作《河套风光》。结项之后，系主任陈光建总结：“这是学校为社会工作做出的贡献，很成功。同时我发现，杨晓阳作为被委派的组织者，除了拿自己画画的工钱外，没有多索取一分其他工钱，哪怕是加班费。这个大公无私的品质很值得肯定。”杨晓阳回应：“这是学校的任务，我已经拿着学校发的工资了，本就不应该拿额外的钱了。”这次工作被学校的领导和同事看在眼里。多年后，与刘文西、陈光建老师在人民大会堂参加师生活动时，二位老师还回忆起当年这件事，刘文西说：“杨晓阳有两件事让我记忆犹新，一是当年坚持骑自行车到新疆，表现了他超凡的毅力；二是西北饭店的项目，他一心为公，一分钱也不多拿。从此我认定了这个学生。”

从系主任到院长

1989 年，是杨晓阳留校的第三年。陈光建想让杨晓阳接手国画系的工作，便萌生辞去系主任一职，让当时的系副主任接任系主任，杨晓阳任系副主任。杨晓阳认为自己资历尚浅，没有多想。正好有人提议选举，选举时杨晓阳也没在场，反是

1999 年西安美术学院 50 年校庆"四世同堂"四任院领导合影
从左至右杨晓阳、刘蒙天、刘文西、陈启南

躲去了司马故里韩城宾馆画壁画。正创作之时，接到电话让他赶回学校，直接去找院长陈启南。

"晓阳啊，你躲哪里去了？选举是我提议的。学校培养了你这么多年，文西说把你直接任命为副主任，你刚毕业没几年，你觉得可能不可能？让人家说你老师护犊子？但是通过选举，群众把你选上去，就不一样了，你也能做得理直气壮。"

"我感觉自己资历尚浅，没想过要当这个副主任。"

"你想不想现在不是你说了算，系里 23 个人，你 19 票，得了最高票数。刘蒙天老院长都说要好好培养你。你这两天好好交接工作，有什么问题直接来找我。"

经过民主选举，杨晓阳成了国画系副系主任、讲师。如此的督促，也让杨晓阳更加努力，以不负学校和先生们的期待。他进一步修订完善了系里的教学大纲，主持恢复国画系进修班，教学质量也在不断提高。三年后的 1993 年，他荣获陕西省"有突出贡献专家"称号，被破格评为副教授，任国画系主任。这一年，他还创办了西美公共艺术公司、艺术家书店、西安美院自考国画教学点。

创建一流的美术学院

1994 年，教育部推行高等院校大发展、大扩招。这一年杨晓阳被任命为西安美院副院长，主管教学；同时任陕西青联常委，参加中国青年百人团赴日本考察现代教育。任副院长期间，他不仅提出了"大美术、大美院、大写意"美术教学理念及办学思想，还力主改革，参与聘任一批年轻专家走上中层

2002 年西安美术学院建院 50 周年庆典大会

干部岗位。还聘任了司徒立为西安美院客座教授，从巴黎动员杨劲松回国任西安美院版画系主任，将杨锋调回学院版画系任教、陈宝生到美院摄

2006 年与刘文西先生等参观
西安美术校园拴马桩

影专业任教。1995 年，刘院长退休，杨晓阳主持全面工作，于 1997 年任西安美院院长、教授。

在杨晓阳刚任副院长一职时，因为太年轻，他受到了不少争议，被认为是一介书生，管理整个学院令人担忧。但是，他为西安美院解决的第一个大问题让他们由衷佩服。

1995 年，学院由长安兴国寺迁入西安市含光南段。他面临的第一个棘手的问题就是学校的建设。他不得不兼任基建处长，清理基建问题，结束一批久施未完成的工程，又立项启动一批新工程。因为有下乡插队修水库的经验，他迅速采取措施，有力地扭转了当时基建不力的局面，基本建设很快成规模。

其中有一栋楼，本该 90 万元就能竣工，拖了七八年，多付了 270 万元，辗转承包了五次，最终还是没完成。杨晓阳反复联系了最后承包的工程队包工头，包工头见是年轻的副院长也不怎么理会，处处推脱不配合。没办法，杨晓阳给工程队下了最后通牒，再不配合便法庭见。次日杨晓阳办公室里来了工

2007 年，学院在美术馆举行首届攻读博士学位研究生学位论文答辩会

程队的二十几个人，七嘴八舌地吵闹。杨晓阳也不理会，低头做自己的事儿。等他们消停，杨晓阳刚一抬头，他们又开始七嘴八舌理论。来回三五次，相持一阵后，见他们该说的说完了，杨晓阳呵斥："留下两个领头的，其他人出去！"

杨晓阳开始询问："这是 90 万元的楼，我们付到了 360 万元，楼怎么还没盖起来？"

对方推脱道："这不关我们的事儿，我们也没拿到钱。"杨晓阳说："这个我们会落实。如果大家都是受害者，那我们共同来告这件事！"

最后追究到前边几次承包工程的包工头，追回了部分款项给了他们，而正是这些款项把这楼给盖好了。这件事让大家看到，这个"书生"不简单。

不过，因为工程拖的时间长，人工费市价开涨，本该给工程队补几万元尾款，但在楼盖好后一直也不见他们来要。多年后再碰到这个包工头，问他怎么没去拿尾款，他说："工程没按时间做好，所以我们也不知道还有补数，当然也没脸来要钱。"杨晓阳说："那你们也做了不短的时间，肯定也赔了不少。"他说："跟你说实在话，我们很佩服你。我们在其他地方赚一点点钱，还要给人家回扣，你连我们一支烟都没抽过，所以我们没赔。"

为了留住最好的教师团队，杨晓阳又加盖了几栋楼，他给每一位教授 319 平方米的住房、142 平方米的画室，共将近 500 平方米。按市价算的话，1 平方米约合 1750 元，新老房子加在一起有 1000 户，分给了 720 户。最终还剩 280 套大房，每一套还能划分三个小房子，为的是今后引进新的教师。西安美院的住房问题在杨晓阳时期彻底得到了解决，10 年过后还有余房。

"十年树木，百年树人。"在校园建设过程中，杨晓阳为学校的美化花了一番心思。杨晓阳喜欢栽树，他将学校半个广场都栽上了树，每棵 50 厘米以上，每年要求栽树 1000 棵，几年之后茂密成林。在杨晓阳看来，一个学校如果没有大树遮阴，这个学校就不容易留住人才。如今的西美，绿荫蔽日，人才济济，老教职工赞不绝口。

解放思想·探索中国特色

1994 年前，西安美院的办学环境太差了，很多骨干老师都被人家挖走了。1994 年，杨晓阳在寻找西安美院自身的一些问题的时候，发现中国的美术学院包括西安美院在内，主要存在以下四个问题：

1. 中国的美术院校都是西化的美术院校。传统文化、传统学科在所有学科中占不到一半。就中国画来说，当初被一些领导认为不科学，结果全国的美术院校都以西画的基础为基础，国画系一半课程都是西画课程。这样的情况已经持续了 50 年，但我们没有从根本上反省过。

2. 几大美院都按一个模式在做，学科设置结构包括教具都一样，没有自己鲜明的办学特色。

3. 各个学校的教师在知识结构上基本上都一样。

4. 后勤、行政人员普遍多于教师。杨晓阳这些年来走访欧美的美术院校，发现与当代西方美术学院相比，这方面差距很大。行政、后勤人员多于教师，严重制约着中国美术院校的发展和办学效率。

1995 年，杨晓阳提出七条改革措施：

1. 实行人事聘任制。打破校内外、国内外、离退休和在职的界限。

2. 实行工作室制。美术学院不能先设置系科，再找老师填补，而应"先有名家，再有设置"。不能有空设置而无名家误人子弟。

3. 实行学分制。学生打破专业，加强选修课，必修与选修相结合，并实行弹性学制。

4. 大量压缩行政人员和后勤人员，扩大教师队伍，增加办学效益。

5. 兴办教育产业，增大经费自筹能力和学生实习动手能力。

6. 艺术教育从小抓起。不但抓附中，还创办幼儿园与残疾人特教学院。

7. 推动后勤彻底社会化。

提出问题、想出办法后，杨晓阳带领西安美院大踏步改革。十年改革历程非常艰难。十年探

2006 年杨晓阳院长国家级精品课程"水墨写意人物技法"上课现场

索，引进了 100 多人，后勤压缩到 24 人，行政科室人更少。学校以教学为中心，教师为主体，面貌变化很大，国际交流和学校规模扩大了 20 倍，还创办了残疾人特教学院。杨晓阳在强调中国特色美术教育道路上，有一些西安美院特有的具体办法。除七条改革外，他简单概括为"一、二、三、四、五"五条要求：

1. 所谓"一"，是强调"一校一品，一人一品"。"一校一品"，强调的是中国的美术院校要办出中国特色，西安美院一定要有自己的特色。"一人一品"说的是每个人要定出自己的学术方向，要有自己的艺术观念和品牌。

2. 所谓"二"，是"二本书"。首先是每个人要在学校倡导的读书活动中，泛读基础上"精读一本书"；其次是每个人应该明确自己的学术方向"写一本书"。

3. 所谓"三"，是"三大理论"。就是杨晓阳 1995 年提出的"大美术、大美院、大写意"。

他提出"大美术"，是针对过去系科设置只培养艺术家，不能适应社会需要的状况提出的。他认为，美术专业要面向整个社会，走出象牙塔，应由过去的继承和创作，转变为"继承、研究、创作、创新、普及"五大功能，要为国家全面服务。社会需要什么，就应该研究关注什么、教什么，一切美的"术"都应该有。

他提出的"大美院"，是因为"大美术"，所以要"大美院"。过去是一二百个教师、一二百个学生，这是以前欧洲的模式。中国如此之大，人口如此众多，经济发展飞速，这样的培养模式满足不了社会需要。有人说，培养那么多搞美术的干什么？在法国，巴黎有四五十所美术学校，西北只有西安美院一所，没有可能办更多的学校，那就有责任做大做强。办社会需要的美院，比美育更具体。中国的大学教育率只有百分之几，西方发达国家有 70%—90%。他根据"三大理论"提出"继承、研究、创作、创新、普及"这五大功能，第一个提出"大美院"，1994 年第一个扩招。过去美院的学生"一切为了画画"，杨晓阳提倡现在培养的学生"画画为了一切"，不是都为了做专家，这是一个很大的突破。

他提出"大写意"，是因为大美院还不能解决中国美术发展的根本问题。中国传统绘画以社会学为基础，是感觉、社会学和文化感受；传统西画以科学为基础，是物理感受和科学认识。在观察上、方法上、精神上是两个完全不同的体系。在中国历史上，中国画都是提倡写意的，写自己所想，不是画自己所见，"眼中之竹、心中之竹与手中之竹"，用"意"来勾连。

杨晓阳认为，"大美术"是中国特色的内容，"大美院"是中国特色的形式，"大写意"是中国特色的精神，三者共同构成中国特色的美术教育，是一个金字塔结构，缺一不可。"大写意"是一种精神和观念，绝不局限在一个画种和方法。杨晓阳在后来的文章中写道：

我们也要把西画的方法拿来，我们也要尽量理解和学习借鉴西画，但我们的目标与他们是不同的，所谓"得渔忘筌"，我们在"拿来"时不能迷失自己。"拿来"的过程应该是不断提高、不断丰富我们自己的过程，不能偏离我们自己发展的道路和艺术精神。比如，中医和西医诊病的过程，中医靠感觉、靠经验，西医靠机器。中医看病，强调从根本上去治理，每个人用不同的方法，一个人在不同的时间用不同的配方，这抛弃了科学的死板，配方更近于事物本质的把握。人的感觉是人最敏锐的部分，人靠感觉和经验创造了科学和机器。比照中国绘画，西方的光学能严格分出色彩，随着时间、地点、视觉不同，画出来的最接近自然对象。而中国画对人的心境的表现很强，它更符合人学，是中国哲学思想的反映，自由的发挥，它可以表现出无限的艺术效果。近 50 年来，我们从内容、形式、精神上割断了中国绘画基因的继承，这是应该要反思的。

4. 所谓"四"，是指"四大基础"。在我国的美术院校，契斯恰可夫素描体系曾经被我们认为是神圣的、非遵守不可的、唯一的"科学基础"。后来有些改变，但素描体系一直是美术院校造型教学的基础，而且是相对单一的"一个"基础。针对这样的情况，杨晓阳提出"四大基础"。

首先是绘画基础。由"四学"（即解剖学、构图学、透视

2007 年西安美术学院后藤纯南日本画工作室落成典礼

学和色彩学）和"四写"（即素描、速写、默写和摹写）组成。其次是书法基础。西安美院的所有学生，不论学科、专业区别，每个人都必须要学书法，是必修课。为什么要提出书法基础来呢？因为书法是最能体现中国造型艺术本质特点的艺术。书法的结构从楷书到行书、草书这个过程，就是从写实到写意。书法有固定的笔画，但每个成熟的书法家都要写出自己的风格来。作为一个中国画家，从书法进入造型，再有道理不过了，再妙不过了。再者是中西美术史。杨晓阳发现改革开放以后，由于专业设置不同，美术史课也不一样，一般是学绘画的上绘画史，学设计的上设计史。但不管是绘画还是设计，都是搞美术的，没有全面的中外美术史是不够的。其四是陕西的文物和民间艺术考察。根据西安美院的地理位置，杨晓阳认为学生应该熟悉陕西的历史文化。"我们不像中央美院在中外艺术交流上有先天优良的条件，但西安美院有深厚的历史积淀，有得天独厚周秦汉唐的文明和保留完整的原生态民间艺术，这是我们形成自己特色办学的一个重要基础。"比如他们成立的"本原文化研究所"。相比以前的仅以素描为基础，杨晓阳"四大基础"的提出是有很大突破的。

5. 所谓"五"，指的是五个"一"。五个"一"包括每一个人有一个相对集中的表现对象（主要的研究方向）；每一个人有一个造型样式（不是一个"形"，要造出一个"象"来）；每一个人要有一个独特的表现方法；每一个人要有一个说法（这个说法就是理论）；每一个人要有一个媒体（或是展览），让自己的作品走向社会。五个"一"概括起来，首先是"画什么"，接着是"怎么画"，最后是"为什么这样画"。

走出校园·实现大跨越

1995、1996 年，杨晓阳为打破学院身处内地相对封闭的情况，在全国设了深圳、青岛、四川、新疆 4 个分院，走向全国，并率先在地方院校中向全国招生，对学校促

2005 年 2 月，比利时皇家美术学院院长布德森访问我院

进很大（后来又在上海设立分院）。不但如此，在教育部评估时，杨晓阳四处奔走，兼并了距离西安 30 多公里临潼的一所学校，落成了西安美术学院临潼校区，开始了西安美术学院的全面建设。这也让杨晓阳获得了国家"三五人才"荣誉称号。

除此之外，他还兼并了在联合国援建的一所学校，并主持创办巴黎国际艺术城西安美术学院画室。1998 年带领西安美

院发起了"华夏纵横"大型采风活动，100 多人从西安"大地原点"出发，向全国东西南北 4 个方向进发采风，经过 33 个省市，历时 3 个月，是西安美院第一次走向全国采风写生，观察学习，收获很大也很有影响，多少年后那次的收获还在起作用。

1999 年利用校庆办了 7 个展览，全面检阅学校的多专业情况，基本建设上了一个台阶，当时大家都很振奋。2000 年主持举办了西部美术教育研讨会、中国八大美院招生会，教育部、文化部都给予充分肯定，邀请了全国专家，取得很好的效果。同时还策划了中国西部国际艺术城，申请获批征地200 亩。

2001 年举办了最大的展览工程"西部·西部"，2100 人参展，2700 件作品，13 个展同时开幕，从西安到茂陵，后来的画册一只手都拿不动，在当时是很轰动的举措。他还争取引进了资金，加强西安美院图书馆建设。

2001 年年底，原中央政治局常委、国务院副总理李岚清同志在原陕西省委书记李建国、原省长程安东等领导同志陪同下，到西安美院视察工作，杨晓阳作为院长向领导汇报这几年的工作。

次年，原中共中央政治局委员、中国社会科学院院长李铁映同志在原省委副书记、省长袁纯清，原省委常委、宣传部部长张宝庆等领导同志的陪同下，到西安美院视察工作，杨晓阳做了汇报。

2002 年后，学校组织国外画展，有巴黎展、挪威展、韩国展、美国展等。国内展也很多，如"国际素描展暨研讨会""全国九大美院国画展""俄罗斯列

2006 年 6 月，我院与美国哥伦布艺术与设计学院签署正式校际交流协议

宾美院展""2003 年中国设计论坛""中国美协金彩长安论坛"等。国内国际并举，极大地促进和影响了西安美院的学术建设。中国美协在西安美院成立的"中国美协西安学术研究中心"两年举办一次，杨晓阳不仅当选为中国美术家协会第六届副主席，还担任了"大雁塔北广场文化艺术工程"总策划、

2007 年杨晓阳院长为首届博士毕业生授予学位

总设计，主创设计了大型石刻浮雕《盛唐风情》，获建设部、原文化部颁发的"第三届全国城市雕塑建设成就展览"特别奖。这是继大雁塔北广

场景观设计在第十届全国美展获优秀奖和西安市政府给西安美术学院颁发集体荣誉奖后的又一次殊荣。在教育部文教评估中，鉴于西安美院为社会服务的突出表现，评语中有"漫步西安街头，随处可见西安美院艺术家的作品，'群众满意、专家满意、领导满意'"。

收藏与收藏家

　　熟悉西安美院的人都知道，西安美院有四大收藏：一是历代名家绘画作品；二是陕西省博物馆的部分文物；三是拴马桩、石门墩、虎头狮等民间石刻；四是泥玩具、哨子、虎头面具、梭子、旧家具等民间艺术品。

　　西安美院历经半个世纪收藏的古代及近现代绘画作品数量宏富，名家之作众多，题材广泛，形式多样，囊括社会生活的各个方面，展示了从五代以后中国画风格流派的传承走向、笔墨技法的形式流变。

　　西安美院的收藏得益于历史与现实的双重机缘。从南宋开始，中国传统绘画重心随着文化重心南移，代表当时最高水平的画家大多都生活在江南，西安美院的收藏之旅也是从苏、杭、沪起步去追寻先贤的足迹。这离不开院长刘蒙天的远见，在 20 世纪 50 年代物质极度匮乏、经费捉襟见肘的情况下，他决定进行古画收藏征集。当时派刘文西、吕安未、樊文江等先生数次出差南方，出巷入陌，托付友人，遍访画廊，不管遇见的是名人或者佚名画作，只要质量上乘，且能用于教学，都毫不犹豫地买进。

西安美院收藏历代绘画 2000 余幅，可分为三大类。第一部分为五代至清末，其中不乏享誉古今的知名画家的作品，如巨然、梁楷、钱选、吴镇、王绎、戴进、沈周、文徵明、朱耷、石涛、任伯年、吴昌硕等的佳作；第二部分为民国至"文革"前各画派代表人物的优秀作品，如齐白石、黄宾虹、林纾、王一亭、陈衡恪、徐悲鸿、潘天寿、傅抱石、张大千等；第三部分为"长安画派"作品及为教学征集的课徒画稿系列，如赵望云、何海霞、郑乃、王雪涛、邱石冥等的佳构，可谓洋洋大观。

西安美院第二大收藏得益于王子云的夫人何正璜。夫妇二人均任教于西北大学，他们曾一同参加西北文物考察团，考察成果也大部分捐给西北大学。后来，何正璜调到西安碑林，之后又成了陕西历史博物馆新馆馆长。在她任职期间，捐赠了 2000 余件博物馆的重复文物给西安美院。

杨晓阳也为西安美院的收藏做出了强有力的贡献。在任期间，杨晓阳一直开着老旧的车，有人劝说该换新车了，他却将积攒下的钱全都用来做文物保护和收藏。在他手中收藏了两批艺术品，一是拴马桩、炕头狮、石门墩、石马石羊等民间石刻，另外就是泥玩具、哨子、虎头面具、梭子、旧家具等大量民间艺术品。

改革开放之前，陕西很多文物无人理会，不少文物都被当成了民间艺术品，这三样就在其中。杨晓阳回忆，拴马桩当时一个60元，他借美院的力量让拴马桩成为学校不可或缺的收藏。在司马迁故里韩城下乡写生时发现，炕头狮几乎家家户户都有，他心想如果有力量，一定会好好研究我们本土的这些文物，询问时也就1元钱，且没人收，便开始自己收藏。彩陶当时也就几元钱。在他看来，在工作中接触到这些文物，自己有力量的话，于公于私都应该对它们进行保护。后来这些文物价格开始上涨，他却认为涨得好，这可以引起大家的重视，将这些文物进行更好的保护。

在离开西安前，杨晓阳陆续捐给学校的艺术品300余件，数年后，他又将100余件彩陶捐给国家博物馆。

第四章

十年磨一剑
国家画院十年

初入画院

2009 年，对杨晓阳来说又是不平凡的一年。这一年，他离任西安美院院长，出任中国国家画院院长。离任报告上说，他任西安美院院长期间，固定资产增加 34 倍。

杨晓阳为西安美院做的最后一件事，是给临近西安美院的大雁塔的纬二街（今雁塔西路）留下一路雕塑。这条街全长

中国国家画院牌楼

2.3 公里，东起紧邻大雁塔西侧的翠华南路，西至西安美院门前的含光路。因为美院历年雕塑系、环艺系的城市景观雕塑等，在毕业展览结束后都堆放在美院中没人管理，有些材质慢慢就会自己腐坏，不得不被环卫工清理掉。杨晓阳向大雁塔的书记说："这些作品都是在老师指导下学生的精心之作，学生走了以后搬不走，就废了。现在把这些作品捐给你们，你们可以配上灯光，也能增添一道风景。"

这一下便捐了 300 件。此后每隔几年，西安美院又用陆续留下的毕业生的雕塑作品替换一些被损毁的作品。现在可以看到街区两旁的绿化带上，每隔十几米就竖立着一座精美的雕塑，令人流连忘返。如今这条路也被称为西安美术街。

从 1979 年入西安美院，到 2009 年离开，整整 30 年。到了国家画院后，面对的困难和挑战远比想象中大得多，他又开始了人生重要的第二次考验。

改革开放以来，随着国民经济持续快速发展，中国国际地位和国际影响发生了根本性的历史转变，在世界经济舞台上发挥着越来越重要的作用。加强国家文化软实力，也成为国家发展的重中之重。2009 年 3 月 17 日，原文化部部长蔡武找到杨晓阳，说："国家画院已经半年没有院长了。经过各方面的推荐考察，部里决定由你来接任龙瑞院长。"当天下午，就由原文化部副部长王文章到画院宣布。蔡武部长嘱咐杨晓阳："我们将中国画研究院挂了国字号的牌子，变成中国国家画院。你来就是要把国家画院做大做强。"接着，王副部长就带着杨晓阳介绍了国家画院的一些情况，杨晓阳即刻就开始了工作。

中国国家画院在 30 多年的发展历程中经历了三次变革，其前身是成立于 1977 年的文化部中国画创作组。1981 年，经国务院批准，在创作组的基础上成立具备创作、研究、展览、交流、收藏、培训等多种功能的中国画研究院。中国画研究院的成立，是新时期中国美术全面复兴的重要标志，得到了叶剑英、李先念、万里、谷牧、姚依林、方毅等党和国家领导人的高度重视，万里、谷牧、姚依林、方毅等领导同志多次过问研究院的建设情况，并亲自参加了中国画研究院的成立大会。此时的中国画研究院云集了李可染、蔡若虹、叶浅予、黄胄、刘海粟、陆俨少、吴作人、李苦禅、张仃、华君武、蒋兆和、朱屺瞻、关山月、黎雄才、亚明、魏紫熙、宋文治、何海霞、田世光等一大批著名画家在此从事大型美术创作，为国家创作、保留了大量的美术精品。2006 年，根据中国美术事业繁荣发展的需要，经中央机构编制委员会办公室批准，中国画研究院更名为中国国家画院。

在 30 多年的历程中，中国国家画院的发展与建设融注了历任院领导的心血，彰显了历任院长及领导班子清晰的学术理念。面对古老深厚的中国画传统，李可染院长倡导"用最大的功力打进去，用最大的勇气打出来"；面对西方文艺思潮的冲击，刘勃舒院长提倡"继承与坚守"；进入 21 世纪以来，针对美术创作研究中的西化风潮，龙瑞院长提出"贴近文脉，正本清源"；在通过对当下美术现状的深入调查研究后，以杨晓阳院长为首的第四代领导班子强调"中国精神、中国标准"的建立，提出"大美为真"的学术理念。

30多年的画院发展历程，几代画院同人的共同努力，今天的中国国家画院已成为一个以创作、研究为中心，集教学、收藏、交流等多种功能为一体，专业齐全、设置完备的新型画院。并以其积极的学术作为、"大美为真"的学术主张、创办"大国画院"的主张、丰硕的创作研究成果，在中国美术界发挥着国家团队的引领和导向作用。

在西安美院7年系主任、15年院长的经历，给任国家画院院长的杨晓阳增添了丰富经验。国家画院后边的院子是个庭院，但是缺少修缮，以致杂草丛生、破旧不堪。他首先做的就是将国家画院的庭院整理好，将其有秩序地管理。另外就是扩建，争取到东面水厂的一块地给国家画院使用。

紧接着，杨晓阳花了半年的时间，一方面了解画院的历史，另一方面拜访了北京所有美术单位中的著名艺术家。经过一年多的走访、调研、讨论、协商等大量的筹备和准备工作，他理清了思路，提出新的规划。

结合文化部领导对国家画院"做大做强"的要求，杨晓阳对"中国国家画院"这一品牌有了深刻而独到的认识，他在对画院职能充分论证的基础上，结合国家画院的实际，做了一系列工作。2010年8月31日，中国国家画院属下7个专业院在京宣告成立，后来发展成为8个专业院，包括国画院、油画院、版画院、雕塑院、书法篆刻院、美术研究院和公共艺术院，外加一个青年艺术院。这8个专业院的成立，标志着国家画院几大思路的突破和全面的实施：一是打破了专业界限，改变了原先只有中国画专业的局面，所有专业都呈现，实现了全领域全覆盖；二是打破了离退休的界限，不分离退休和在职；三是打破院内外界限；四是打破国内外界限。

他提出了国家画院的"五个一"，即当时确定的未来五项任务。这五项任务包括：

1. 聘一批大家

打破年龄界限、单位界限、离退休和在职的界限，只论学术、作品高度，任人唯贤。这实现了全领域全覆盖，标志着国家画院几个思路的突破和全面实施，聘请一批大家的工作也实实在在推进，推进得也比较理想。

2. 建一批画室

扩大画院规模，新建一批画室并实行流动管理，以方便全国各地的优秀画家集中活动、研讨、教学。

据杨晓阳介绍，国家画院的扩建正在规划进行当中，由国家发改委立项，东面水厂搬迁，北京市领导非常关心，国务院领导也经常过问。扩建后的国家画院两条腿走路，充分利用社会和企业的资源，合作的院外基地有很大突破，生机勃勃地发展起来。以四个基地为代表：第一是天津盘龙谷国家画院创作基地；第二个是和企业联合开办一个国家画院（国展）中心基地，将国展中心10万平方米交给国家画院使用20年；第三个基地是圆明园正觉寺，主要是面向社会长期展示国家画院的艺术成果，无偿提供给北京市社会各界群众，这样一来大家在参观圆明园的时候，多了一个参观画展的项目，国家画院也扩大了展览展示的空间；第四个是巴黎文化中心，以及德国杜塞尔多夫和美国基地。

四个基地补充了国家画院的硬件，缓解了国家画院在东面征地没有完成时，硬件使用的压力，走出了国家画院跟社会结合、面向社会、利用社会力量、为社会服务换得自己办院条件的新路子。跟"一批大家"一样，这在社会上影响力很大，这种做法在画院的发展史上也是首次。

3. 定期办一个大展

这里的"大展"区别于院展等其他展览，是国家画院举办的、代表国家最高层次的展览之一，初步确定三年一届国家艺术节展览，还有上海、南宁展等每年一届，并持续办下去。

4. 伴随大展，办一次高层次的美术论坛

通过论坛，深入探讨中国美术发展的一系列问题，并通过高端视角，为国家制定美术发展政策提供决策上的依据，也为学术的提高积累资源。

5. 留下一批精品

这就是说，国家画院要定期地给国家留下精品，画院每一个画家要留下精品。现在不但要展览、有研究成果、传道授业，还要通过对这批被聘画家的引进、使用，组织主题创作，发挥个人特色，为国家留下一批值得传诸后世的精品力作。

为更好地将国家画院的这五项任务真正落到实处，杨晓阳当时还决定成立 7 个二级研究院，并初步拟定"中国美术发展工程"方案和"中国美术海外推广工程"方案。

五项任务进展很全面，推进也很顺利，收一批精品的工作进展也很顺利。杨晓阳还让国家画院给国家抢救了上百幅老先生的精品和遗作，价格远远低于市场价格，非常来之不易，补充了国家画院的收藏，成为国家的固定财产。

除了这些重大的活动，还进行了画院的内部改造。这些内部改造，一是硬件工程，比如水系的清理、净化、循环，办公设施的提高，人员的补充等等。另外，还做出了人员结构上的调整。在一次采访中，杨晓阳说："如果在三年内 65 人都到位，国家画院专聘结合的力量就非常大，就真正成为美术的国家队。这样就实现了专聘结合，老中青三代艺术家结合，院内院外结合，国内国外结合，打破了专业的界限。在不断争取国家经费的同时，利用社会力量的力度也会越来越大。国家画院通过一年的工作取得很大的成绩，完成文化部对国家画院的定位，'做大做强'，在三五年内成为真正意义上的美术的国家队，我们是很有信心的。"

杨晓阳更认为，国家画院按国家要求，代表国家对中国美术制定规则、制定标准，对外代表中国、对内代表国家引领和导向中国美术的发展。"我们要努力向着这个目标迈进，毫不动摇。"

随后的几年内，在杨晓阳的主持下，陆续进行了多项重大的抢救梳理项目：

30 年院庆，总结建院 30 年，拍摄 3 集《水墨年轮》电视专题片；

制作 90 位 70 岁以上老艺术家的《岁月丹青》电视系列；

举办 50 位 60—70 岁的南北画家"南北对话"系列展；

从 30 个省市各选 10—15 位 60 岁以下的画家，举办"新中国美术家"系列展；

每年集中一批 50 岁以下的优秀青年画家，举办"以心敬物"系列展。

以上系列的梳理为国家画院留下了珍贵的历史资料，为当代美术立传，为当代美术建设助力。

画院建设

2015 年，杨晓阳参加了习近平总书记召开的文艺座谈会，现场聆听了总书记在文艺座谈会上的讲话。总书记提出创作是中心任务，作品是立身之本。五年以来，中国国家画院确定了以创作研究为中心任务，以作品为立院之本，并以"大美为真的写意精神"为宗旨，强调"一人一品"。经过几年有理有据的理论和创作实践的探索，中国国家画院已成为一个以创作、研究为中心，集展览交流、收藏陈列、教学培训、宣传出版等多功能为一体，专业齐全、设置完备的新型画院，并以积极的学术作为，在中国美术界发挥着国家团队的引领和导向作用。然而，杨晓阳认为国家画院的脚步还能够向更高的水平迈进，所以 2016 年伊始，提出了国家"十三五"规划期间"全面建成高水平国家画院"的任务目标。

为加强创作，画院建立了四级展览体系：画院年展、专业院展、海外展、个展。这四级展览成果很大，特别是高规格、高质量的画院年展，其中"写意中国"展经过几年的发展，已经成为中国国家画院年度展览的重要品牌。

2015 年，国家画院利用中国美术馆的全部展厅举办的"写意中国"年展汇集了画院 200 余位艺术家共计 500 余件作品，涵盖国画、书法篆刻、油画、版画、雕塑、公共艺术等全部专业的展品。原文化部的主要领导和中国美术界的领导以及社会各界看过展览后，都给予了很高评价。"写意中国"的品牌已经传播到世界，频频受到各国的邀请和好评。

之后，画院将年展下放到各个专业院，也都产生了很好的反响。"写意中国"的国画和书法作品展已经走了全国的十几个城市；油画院举办的"中华意蕴——中国油画艺术国际展暨学术研讨会"在法国引起了轰动，扩大了中国美术在世界的影响；版画院在德国举办"聚精荟萃——中国国家画院馆藏版画

2010 年黄宾虹、李可染雕像落成暨古牌楼、古西楼落成揭幕仪式

作品暨中德版画艺术联展",并在银川成立了银川国际版画创研中心,积极带动地方文化发展。

除此之外,国家画院也重视每个研究员自身学术水平的提高,鼓励研究员办展。从龙瑞、周韶华、李延声、谢志高、杨力舟、王迎春这些老艺术家到卢禹舜、张江舟、纪连彬、梁占岩、贾广健、申少君等中青年艺术家,他们的每次个展都能引发学界的讨论,这样既有国家画院整体实力的展示,也有艺术家个人学术追求的声音。他们的作品也正是国家画院"一人一品"的体现。国家画院近些年取得的学术成就也很好地回应了社会上的质疑之声。

想要全面建成高水平的国家画院,杨晓阳认为,创作研究首先要理论先行,从本质上解决问题,加快加强理论研究。

在杨晓阳的带领下,充分发挥理论研究院作用。在张晓凌副院长的有力支持下,国家画院美术研究院立项完成《中国画院史》《中国现代美术史》、"经典画论翻译工程""中外重大题材美术创作研究"、"一带一路"国际美术工程选题、"丝绸之路理论考察"等项目,填补了国内的学术空白。几年下来,美术研究院的专家们已经出版了诸如《丝绸之路·汉唐精神与中国国家美术发展战略——第四届中国美术·长安论坛文集》《历史记忆与民族史诗——中外重大题材美术创作研究》《中国山水画的意境与空间——第二届荆浩论坛文集》等。还主办了"中国国家画院建院三十周年国际学术论坛""全球化时代的艺术品产业高峰论坛""长安论坛""荆浩国际论坛""游观智慧——中国古典绘画空间理论与实践专题研讨会"等高规格的国际性学术研讨会。四卷本300万字的《中国现代美术史》即将出版，100余

2010年沈鹏书法研究院成立暨沈鹏书法艺术基金启动仪式

万字的《中国画院史》也已经到了终审阶段。还包括很多国家艺术基金研究项目等，这些跨年度的大工程都在齐头并进。有了思想上的指导，才能打造中国风格和中国气派，建设中国精神和中国标准。

不仅如此，教学培训也成了国家画院的一项基本职能，画院的高研班开班至今已经培养了5000余名学员。国家画院的教学是研究性、高端化的，而非基础的学历教学。学员当中有高校的老师，各地的美协主席、画院院长、著名学科带头人等很有成绩的画家，由他们产生的影响覆盖面更广，他们的学习成果更有意义。2013年，国家画院成立了博士后科研工作站，培养和储备高素质人才。但杨晓阳也一直在改变模式，加强质量管控，明确高端化发展。他本人率先示范，开办了国家艺术基金"国家美术发展专题创研班"，提出"器道并重、一人一品"的教学理念，取得了良好的反响。

同时，中国国家画院收藏也进入一个新的时期。画院的艺

术品收藏定位在近现代艺术家，收藏了包括李可染、叶浅予、黄胄等著名艺术家的作品。版画方面，收藏了晁楣、李焕民、修军、徐匡、广军等中国新兴版画第一代和第二代的老艺术家的代表作。近年来，又陆续收藏了汤文选、冯今松、刘知白、王憨山、卢沉、周思聪等老艺术家的代表作。书法方面主要是当代比较著名的书法家欧阳中石、沈鹏等，还收藏了郭北平、赵培智等著名油画家的作品及刘焕章、曾成钢等著名雕塑家的作品。除了按照艺术门类进行收藏外，国家画院还以个人为对象批量收藏艺术家的代表作品，如以捐赠展方式收藏了刘勃舒、周韶华、胡公石、沈鹏等大批量成系列的作品，便于接下来的研究。同时，国家画院还接受了一些社会捐赠的艺术文物，如林晓捐赠300多件文物，包括杂项、青铜、玉器、瓷器等古玩，其中有比较完整的历代民窑瓷器。

杨晓阳认为，作为美术类的国家院团，在国际上树立和展示国家美术文化的正面形象是分内之事。随着国家海外推广战略的实施，近几年，中国国家画院外事活动频繁，成绩显著。针对国际社会对于中国当代美术发展水平"渴望了解，但仍缺乏认知"的现状，国家画院的"中国风格——中国国家画院美术精品国际巡展"项目展出包括中国画扇面展、中国画小品展、版画小品展和书法篆刻展，赴马耳他、俄罗斯、比利时、卢森堡、澳大利亚、阿根廷、日本、毛里求斯、埃及、韩国举办展览及艺术讲座等丰富多样的文化交流活动，取得良好的社会效应。此外，"中华意蕴——中国油画艺术国际展暨学术研讨会"·"水墨东方——中国当代水墨意大利邀请展暨学术研讨会"等项目也都在当地获得很高评价，推动了中国美术的海外推广进程。

在重大美术创作和展览活动中邀请世界各国著名艺术家参加，如"一带一路"国际美术工程就有数十个国家的艺术家加盟。同时画院研究员参加"一带一路"沿线国家采风创作，并邀请画院的海外研究员来华进行创作、展览、文化交流等。

一系列的交流活动，也使得国家画院与国外的对话通道越来越通畅。如今，国家画院已经先后接待了来自亚洲、欧洲、美洲、非洲的乌兹别克斯坦、阿曼、科威特、叙利亚、黎巴嫩等近 20 个访问团组，应邀为海外来华著名艺术家举办画展，如与西班牙驻华使馆联合主办西班牙画家纳兰霍艺术展等。并先后与美国中国文化艺术基金会、法国巴黎中国文化中心、德国 DCKD 德中艺术交流协会、英国皇家美术学院、俄罗斯艺术科学院、乌兹别克斯坦国家艺术科学院、韩国美术家协会等文化交流机构商讨合作意向并签订相关协议，旨在通过学术研讨、互办展览等方式推动我国对外艺术交流的不断加深。

2010年8月，中国国家画院七院成立大会钓鱼台芳菲苑合影

实施中国美术发展工程
和海外推广工程

　　画院新思路形成后，迅速集中全院专家推出的独具特色的五大展览成为 2010 年国家画院具有代表性的展览，也代表了中国美术界最高水平，展现出我国美术创作领域的蓬勃生机。其方式、内容和理念等诸多方面的创新，也蹚出一条中国画展览的新路子。

　　2010 年对于国家画院来说，是努力拼搏的一年，也是丰收的一年。这一年里，沿着画院改革发展的总路线，国家画院全体同人共同努力，取得了巨大的成绩。

2015 年 6 月 19 日，陈云岗《老子》青铜雕像作品落户德国杜塞尔多夫市

2015年10月7日，俄罗斯艺术科学院主席祖拉布·采列捷利被聘为中国国家画院外籍研究员

除了七个专业院的成立、四大基地的规划建设，具有代表性的五大展览也显示出国家画院创新发展的勃勃生机。这五大展览包括"中国风格·时代丹青""写意中国""九成宫""东方欲晓""写意精神，古今对比展"。这几大展览浓缩精品，特邀大家，都是中国美术界最高水平的展览，展现出我国美术创作领域的蓬勃生机。2010年，这五个展览是最具特色的。总结这五大展览，有着非常成功的三大特点：

一是选画办法与以往不同，选人不选画。对于已经功成名就的大画家，选定这个人，画什么完全由他自己做主，不再进行评选。这样就保证了每位被选中的大家都能把自己最具特色的作品拿出来展示，也有了充分表现自己最高艺术成就的可能性（同时结合少量的选画不选人）。

二是强调学术性，强调展览本身的研究性以及展览方式的创新。杨晓阳在采访中说，比如上海的"写意中国"展览分为两个部分，第一部分是图文并茂地展现对中国写意画8000年历史的回顾，此外加入声、光、电的形式，在理论上梳理中国这8000年的写意画史。第二部分才是展览本身。展览方式的创新强调展览本身的研究性，以及对于展览的背景、展览的选择，跟过去的只是展览本身，有非常大的不同。

据杨晓阳介绍，比如安徽的展览是从西安各个博物院调集100多幅古画，与画院100位画家的200件作品对比的展览，这为学术研究提供了很好的条件，也创出了展示方式的新路子。能够调集这么多古画，在以前的展览中是没有见过的。并且，在展览中间还不断推出各种专题，对展览的质量有很大提升，使观众不但看到当代人的展览，同时了解这幅画的历史、来龙去脉、学术价值，无论是普通观众还是专业观众，都有了新的认识和提升。

三是除国家经费支持外，开创了利用社会资金和地方政府资金的路子。

以展览带创作，以展览带研究，实施中国美术发展工程。"中国画院史"也被立为国家重点项目，还有其他七个课题获得国家不同级别的认证。"口述历史""新中国美术家"邀请展等项目也稳步推进。此外，在杨晓阳的带领下，中国美术海外推广工程也有很大突破。

2015年11月5日，中国国家画院与乌兹别克斯坦国家文化艺术机构签署合作协议

杨晓阳认为，展览不是目的。"对于中国国家画院来说，办展有更大的使命和责任在身。以展览带创作，以展览带研究，实施中国美术发展工程，是国家画院完成其众多职责中的一个重要项。"

　　2011 年延续了 2010 年的设想，推进了"新中国美术家"活动。以省为单位，每个省选 10 到 15 位中华人民共和国成立以后的 60 岁以内的杰出青年画家，在国家画院做邀请展。

"一带一路"国际美术工程

　　"一带一路"国际美术工程是原文化部唯一的跨年度国家重点美术项目，中国是目前最大的全球化倡导者。杨晓阳倡议国家画院启动实施"一带一路"国际美术工程，就是要紧跟中央步伐。

　　从规划论证到画院组织艺术家集体到丝绸之路考察、写生，再到画家自己按创作需要去深入写生、收集资料，从国内画家的组织动员到"丝绸之路"沿线国家著名艺术家的邀请和组织，工程启动之初，仅就文本的起草和资料考证就经历了两年的时间。经过美术研究院同人的努力，通过几年的论证、考察和大量的文字编

2014 年 7 月 28 日丝绸之路出发仪式

排工作，精选出有关"一带一路"的创作选题，在 1000 个中间精选出 600 个，最后先启动 258 个，基本涵盖了关于"一带一路"的历史、现实、人文等。同时上报中宣部、原文化部、财政部，得到了上级领导的大力支持。之后，杨晓阳组织院内力量集中创作并开始对外招标，组织国内外优秀艺术家进行创作。

从 2013 年开始，国家画院开始实施小规模丝绸之路沿线的前期考察。从 2014 年开始，又组织了大规模的采风写生，开展了一系列"深入生活、扎根人民"的主题实践活动。画院集体组织了"草原丝路""沙漠丝路""海上丝路""茶马古道""理论考察"五路写生考察，走进成都、广西、延安、宁夏等地区开展帮扶活动。之后个人自由选择路线出行，足迹遍布国内的陕西、甘肃、青海、宁夏、四川、云南、贵州、新

中国国家画院"一带一路"国际美术工程草图观摩会

疆、西藏、河南、山西、江苏、浙江、安徽、湖北、湖南、福建、内蒙古等省、市、自治区。2015 年，"'丝绸之路'美术创作工程"更名为"'一带一路'国际美术工程"，意在动员丝绸之路沿线 30 多个国家共同参与，他们的海外写生调研也跨越了印度、法国、马耳他、俄罗斯、比利时、卢森堡、乌兹别克斯坦、意大利、阿根廷、澳大利亚等丝绸之路沿线国家。"一带一路"国际美术工程激发了全国"丝绸之路"主题创作的活力，引发了"写生热""创作热"。项目实施五年来，国家画院坚持以创作为中心，终于取得了阶段性成果。从 2014 年起，每年都举办全院"一带一路"写生作品展，出版写生作品集。2016 年起，画院进行集体观摩、检查创作小稿，开始时两个月观摩、品评一次，到后来每个专业院每月开两次观摩、评审会，全院每月再开一次。2018 年进行了第一阶段的验收结题，这项有史以来最大的美术创作工程集中院内外专家的力量，支撑每一个画家的创作。

随着画院对外交流的逐渐展开，丝路沿线各国知名艺术家都报名参与选题创作，已经收到了来自美国、印度、乌兹别克斯坦、土耳其、约旦、阿曼、意大利、西班牙、俄罗斯、法国、德国、波兰、乌克兰、埃及、摩洛哥等 30 个国家和地区的 80 余名艺术家的作品材料。全国被邀请的艺术家和古丝路沿途国家的艺术家不断加入进来，依靠不同国度自身的优势进行创作。这些都是围绕"一带一路"创作的阶段性成果。国外艺术家为什么能主动参加我们的工程？杨晓阳认为，首先是因为中国综合国力不断加强，对全世界的吸引力也在加强，世界关注中国，各国艺术家、策展人想靠近了解中国；同时，国家画院做出了学术口碑，国外机构和艺术家对我们产生了信任。

"一带一路"国际美术工程，是在前两次国家工程的基础上取长补短，集中邀请了前两次工程的组织者和重要的作者加以扩大，并且有所突破：①可以自选题目；②可以超出尺寸；③可以自定材料鼓励创新；④选题可以重复；⑤院内外、国内外一视同仁。这些尊重艺术规律，鼓励个性发挥的举措极大鼓舞了艺术家的创作热情。

杨晓阳还看到，既然是"国际美术工程"，评选规则也要具有国际性。国家画院现在有一定比例的国际院委、研究员，

印度写生

其中包括法兰西艺术院绘画院院长皮埃尔·卡隆、法国美协主席雷米·艾融、俄罗斯列宾美术学院院长西蒙·伊里奇·米哈伊洛夫斯基、俄罗斯国家艺术科学院主席祖拉布·采列捷利、德国美术家协会主席马尔卡斯顿、美国艺术杂志主编理查德·凡、大都会博物馆亚洲部主任孙志新等。这些评委都是在国际上很有影响的人物。这个工程能够取得成功，一是因为国家画院约请的创作者都是国内外的精英；二是经过几年的文献资料研究、写生、讨论小稿、评审，每个画家都对自己的创作不断深化，提出明确的要求，让标准逐渐明晰起来，并在创作和研究中不断提高和完善。

东扩工程

国家画院现有建筑筹建于 1980 年，以传统苏州园林及北方民居为特色，已经成为京城特色的文化空间，但它整体的使用面积只有 4000 平方米。随着国家画院规模、职能以及所肩负任务的不断扩大和提升，目前，办公硬件条件不足和办公实际需求之间的矛盾日渐突出，呈现出了国家画院整体职能与实际条件的不匹配。

中国国家画院改扩建工程建筑占地约 1.1 公顷，总建筑面积约 3.4 万平方米。扩建工程竣工后，画院的基本工作职能将得到保障，与现有的院址形成一个整体，展现在世人面前。新综合业务楼将会聚、陈列中华人民共和国成立以来几代经典艺术家的作品，能全面实现国家画院的创作、研究、教学、收藏、交流等职能，建成的画院分为东楼和西院。它是国家画院几代人的梦想，是创作、研究、交流、休闲的立身之地，是中国美术的高地，是中国乃至世界美术向往的圣地。

新的扩建项目采用了全现代化的设施，这也将与国家画院的地位和其所承担的任务相匹配，这也是中国国家美术的精神象征，是中国美术家的家园。国家画院新楼建成，各种条件完善以后，要真正成为中国美术界凝聚画家、富有向心力的平台。这使得国家画院的院子很有象征意义。远远望去，画院东楼拔地而起，李可染、黄胄的后人以及方增先等老一辈艺术家向画院捐赠了大量艺术品。全新的沉淀凝聚文化精粹的画院在人们的期待中正逐步完成。仅仅是最近就有美国、韩国等国的艺术家要来画院办展览、做观摩，杨晓阳想给他们提供别的更大的场地，但他们认为在国家画院举办展览、做学术活动，具有很高的荣誉感和象征意义。

创办《中国美术报》

　　权威的画院需要亮明自己的主张，代表国家美术的教育水平。创办《中国美术报》也是画院建设三大工程之一，有效地形成了中国美术文化的主流阵地，以"弘扬中国美术精神，彰显中国美术气派，建立中国美术标准，创新中国美术风格"为宗旨，坚持"二为"方针，坚持学术立报，遵循"专业化、人文化、国际化、市场化、网络化"办报理念，力求服务中国美术家，推动中国当代美术发展。根据这些原则，设置了包括"美术新闻""新闻时评""域外美术""学术月刊""艺术财富""艺术设计""美术副刊"等板块，以展示国内外美术创作、研究的最新成果为己任，积极为中国美术的繁荣兴盛做出自己的贡献。经过前后五年的申报，2015年12月，《中国美术报》正式挂牌，杨晓阳亲自担任社长，每期把关。报纸没用国家一分钱，自筹资金，实行企业化管理，走向大众，走向市场，几年下来，已经走出了一条自己的路。

　　《中国美术报》坚持正确的文化导向，还敢于面对各种问题，勇于批评美术界存在的不良现象。它在专家点头与为大众服务、纸媒与互联网、新闻传播与报业经营等问题上，都在不断地探讨、深化和解决。经过几年的努力，这份报纸已经得到了社会积极的反馈。原文化部报刊阅审组认为报纸高端，有学术性、专业性，同时对于一些美术界的不良现象敢于批判。报纸也得到了很多美术界同人的关心和支持，在召开的研讨会上，美术界的专家们也给予了很高的肯定，并提出了建议，认为报纸聚焦当代，提倡争鸣，以大容量、全方位的特色，选题制的方式，在中国美术类报纸中具有"唯一性"。读者认为《中国美术报》网罗了世界各地的前沿美术信息，经常推荐一些优秀艺术家，对新闻事件有事实有观点，是有态度的美术报纸。

　　杨晓阳坚信，这份报纸的核心作用是一面旗帜，服务美术大众，引导健康审美，推动美术探索，促进学术深化，也在国内外成为了一家有影响力的专业媒体。

《中国美术报》创刊座谈会

第五章

慈善事业

捐赠博物馆

杨晓阳从小随母亲学文物修复，练就了鉴别真伪的慧眼。他因重视古代文化，出于抢救和保护的目的而倾力收藏。

他的母亲最早在报社工作，后来到了陕西的文物单位，直至退休。当时正值改革开放前后，文管处会将一些汉唐文物开发成旅游纪念品，包括陶俑、唐三彩等。一到假期，杨晓阳就到复制厂去画唐三彩的脸和陶俑。这让杨晓阳对这些文物有了敏锐的认识，为后来收藏打下了坚实的基础。

杨晓阳是一位地地道道的收藏家，而且是一位了不起的具有高度社会责任感的大藏家。他的画室里摆满了汉罐、彩陶、陶仓、石雕佛像、三彩俑、碑帖拓片与数不清的炕头狮等收藏品。

2009 年，他一来国家画院便以 40 件石刻作为见面礼捐给画院，增加了画院的古代文化和历史收藏。

2012 年是国家博物馆建馆 100 周年，杨晓阳从自己多年的收藏中精选了 100 件彩陶作品，经专家鉴定后，无偿捐赠给国博。这100件新石器时代的彩陶精品以马家窑文化马厂类型为主。

国家博物馆馆长吕章申表示，这些彩陶精品不仅是中华民族重要的早期物质文化遗存，更是中国艺术的早期代表和重要源头。其简练、概括的创作观念，对人物和动物形象的描绘方式，以及几何纹样所表现出的抽象思维方式，在长达数千年的中国艺术发展史中得到了延续和传承。

吕章申说："杨晓阳的捐赠善举，体现了一个艺术家对文博事业的热爱和支持。此次捐赠，对丰富中国国家博物馆早期陶器藏品具有重要意义，同时也将在继承发扬中华民族独特艺术观念和审美观念方面发挥积极作用。"

2013年，杨晓阳在成都武侯祠"明园"举行了又一次文物及艺术作品捐赠。他向成都武侯祠博物馆无偿捐赠20件拴马桩、40件彩绘陶器。陆续捐赠武侯祠的书画共计超过100件。这是杨晓阳院长继向中国国家博物馆捐赠100件彩陶后的又一次义举，是私人收藏家无私支持公共博物馆的正面典范。

包括捐给西安美院收藏的330件文物及民间艺术品，杨晓阳共捐出600余件文物给国家收藏。在他的影响下，著名收藏家、学者白十源将自己多年收藏的徽州戏楼、门楼捐给国家画院，更增加了画院的古香古色和凝重的历史文化沉淀。

慈善扶贫

　　2012 年开始，杨晓阳带领画院每年在延安助养 100 个留守儿童，负责他们的学习费用，至今共 800 余人；并在每年植树节带领学生植树，已形成一座大山的"中国画家林"起到示范作用，全国画家共同参与。

　　2012 年，杨晓阳率国家画院在扶贫慰问的过程中，发现广西南宁隆安县三卡屯民居老旧、破损严重，乡亲们都住在重度危房中。为帮助村民改善住房条件，国家画院捐赠了 64 万元善款，与广西红会和当地政府联合进行新村改造。经过近三年的时间，新村建设及道路改造基本完

2012 年 3 月 22 日杨晓阳先生捐赠彩陶仪式

成，村民们于年前完成整体搬迁，受益村民 36 户 100 余口人，并救助多名贫困孩子。三卡屯忘不了画院，忘不了杨院长。多年来画院每年去西部扶贫，杨晓阳都会支持，下一步还将发展当地的文化建设。

不仅如此，每逢地震及以水、旱灾害，杨晓阳都会出手相助，在画家中起了带头作用。

第六章

政协提案

提案一：中国的美术学院都是
西方模式，应尽快改变

我们大家都知道，中国当下的文艺创作存在有"高原"缺"高峰"的现象，这与中国改革开放以来的经济、政治发展不匹配，是多种因素造成的一个时期的暂时局面，应从多方面综合努力，必将有所改观。

应尽快改变中国艺术教育的西方模式。中国当下的艺术教育框架基本上是由20世纪先学习欧洲，之后全盘学习苏联而形成。虽然改革开放以来对于民族传统的重视使国人认识到传统的重要性，同时西方现代艺术的积极探索也为我们的教育增添了新内容，但总体构架仍然是苏联模式，众多艺术学院的基础课程大部分采取的还是西方模式的课程结构，这种现状与今天我们对文化自信的强调相去甚远。建议教育部要重视艺术和艺术教育的特殊性，尽快组织各方面专家根据时代和国情的要求，从历史的高度，以中国优秀文化为主体，高屋建瓴地建立具有中国特色的艺术教育体系工程，时不我待，功在千秋。

艺术院校要以实践教学为主体，研究辅之。艺术研究应该更注重多学科综合研究，在艺术院校史论系和综合大学展开研究是其主要途径。但长期以来，艺术院校一直被当作一般学科对待，不注重实践，以研究类成果衡量水平（比如美术学院也以论文论学位、评职称）。长此以往，艺术院校必将变为研究院，没有实践的"曹雪芹"，就没有研究的"红学家"，没有了实践的研究将破坏艺术的发展，情况严重。尽管教育部也采取了默许"实践类博士"的做法，但也无济于事。建议教育部重视此事，真正坐下来解决，按照学科发展规律办事。

由于历史的原因，哲学社科和文学艺术类专业一直没有建立起院士制度，经过新中国几代人的努力，尤其是按照新时代中国文化发展的实际需要，设立文学艺术类院士的荣典制度很有必要，设立"高峰"平台，就有高标准、高要求。同时，在专业职称评定中，文学艺术类没有正高职一级的做法也不合理，这些都希望有关部门根据时代需求，认真考虑解决。

提案二：建立艺术史博物馆
势在必行

在世界范围内的发达国家，艺术教育作为每一个人的终身教育是必修课。有数据显示，目前，中国受高等教育人数不足全国人口的10%，受过艺术专业高等教育的则更少，全民的艺术教育根本谈不上。在改革开放40年的今天，在全国14亿人口中能有多少人具有基本的艺术史常识、具有基本的艺术评价标准呢？答案是微乎其微的。

在中国经济飞速发展的当前，如果中国人民同西方中等发达国家人民对艺术的欣赏、对艺术基本知识的了解差距非常大，那么中国的文化产业是无法对外发展的。一般而言，在正常的经济发展状态之下，经济越发达，生活越现代，对艺术欣赏的品位越高。而当前中国的现状并非如此。对于越来越多的高收入人群，如果他们极少受过艺术教育，艺术水准很低，那么他们所拥有的财富就可能更大程度上刺激低俗艺术的发展，对艺术欣赏、艺术产业发展产生倒挂影响，进而导致了艺术向相反的方向发展。为此，我提议中国应尽快筹建"中国艺术史博物馆"。

中国艺术史博物馆的建设，并不是为了培养专业艺术家、艺术团队而设置，而是全民教育、终身教育的必备设施。让国人从小就像去公园一样便利地去看艺术史，了解古今中外艺术史的开端，发展的不同风格，如何流变，一直到当下。在欣赏古今中外优秀的艺术品的过程中，逐渐建构自身全面的艺术审美体系与标准。同时促进国人借助艺术去丰富其对人生的认识，加强对其他知识的了解。当人们对艺术高低雅俗之间的分界、底线有了认知，再用这个标准来看当下纷繁的艺术品，自然就会有客观的判断。

中国作为世界上独有的文明古国、文化大国，有丰富的文化、艺术遗产，我们应有自己的艺术史博物馆。

提案三：美术实践类博士
不符合艺术规律

在国际上，美术实践类是没有博士的，如国际一流的巴黎美术学院等。

而目前国内高等艺术院校招收"美术实践类博士"。"美术实践类博士"中的"实践"和"博士"是分属于两个系统的概念。"实践"对应的是美术创作，而"博士"对应的是美术理论研究。美术实践指向个性，应该突破标准、天马行空，高水平的美术创作并不是高学位教出来，这会为创作人员设置更多的条条框框；而美术博士，也即美术理论研究观照的是事物背后的规律，需要多学科支撑，它最终指向艺术的共性研究。

众所周知，事物具有共性就缺乏个性，有个性就缺乏共性，现在把个性的学习冠以一个理论的名字，在学理上是说不通的。因此，我们不能将实践和研究混为一谈，如同不能将"动物"和"动物学家""植物"和"植物学家"混为一谈一样。

当然，中国美术史上不乏理论与实践兼顾的大师，如吴昌硕、黄宾虹、潘天寿、徐悲鸿、傅抱石等。但对于整个美术群体而言，他们是翘楚，是个例。另一方面，他们本身先是实践家，是在总结美术实践的过程中，逐渐延伸出对于美术理论的建构。这些人也都不是目前的高等教育机制，即"美术实践类博士"培养出来的。

现在美术学院以博士学位和博导为最高的学位和最高的教授级别，导致的结果已初现：美术学科教师中的"美术创作名家"越来越少。这个现象和结果证明了美术实践类博士学位的设置，违反了艺术本体的发展规律，影响了美术专业自身的发展。这一问题应该引起教育部门的重视，予以充分调研和解决。

第七章

杨晓阳论艺精选

十论大写意

人类对其生存环境的感受分为三个层面：物理感受—生理感受—文化感受。写意是物我相融的结果和终极呈现，写意画是最终极的高级的呈现方式。

（一）写意是一切艺术的目的（归宿）

艺术有三种功能：叙事、审美、创新。

叙事：像镜子一样反映生活的功能是早期绘画替代照片、摄像的功能，是照相发明之前的一项重要功能，是其他形式不可代替的一项社会需求。所谓存形莫善于画，是物理、生理反应外部世界的本能，也是古希腊哲学中的"模仿说"之所指，是这种形式的基础和基本功能。（物理性）

审美：是人区别于低级动物物理记录的根本区别，是人作为高级动物的基本属性之一（据说部分动物也有明显的审美倾向）。为审美而从事美术，以及在美术活动中本能地、主动地追求审美，进而按照审美的需求和原则选择表现和主动强调、强化地表现是美术从一开始就具备的特质，也是区别高下的重

《酒逢知己》之二　68cm×68cm　2008 年

要标志之一。(生理性)

　　创新:是在记录、审美过程中一种自然而然的探索,是追求差异的必然结果,更是理性人类区别于人类早期实践的一大标志。纵观世界美术史,每一次革命性的突破创新,都伴随着理性的进步和新理论提出的突破,尤其是现代哲学影响下的现代性。而美术的创新无疑影响到哲学乃至整个社会进步的理论与实践探索。理性的创造创新是与感情甚至感觉背道而驰的,

是超越感情、感觉的，甚至超越逻辑的行为和结果，是人类文化的最前沿。（文化性）

"大写意"看似是一种方法，是一种类型，是与古往今来所有的艺术观念并行的一种艺术类型，但是它不是一般的类型。"写"首先是一种表现，是一种书写、挥写，进而是一种抒发，在古代同于"泻"和"泄"。它不同于描绘，不同于一般的写生、写实，既是一种行为，更是一种状态，因此"写"的意义很丰富、很重要。

"意"是内容、思想、观念、精神，而中国艺术的最高目标是人类的最高目标：追求大美与本真。庄子讲："天地有大美而不言。"孟子说："充实之为美，充实而有光辉谓之大。"因此，中国艺术追求的"意"是大美之意，是本真、本质之意，是天人合一之意。"大美为真的写意精神"是中国艺术追求的最高和最终目标。

艺术早期在无照相时代追求叙事功能的同时，出于人作为一种高级动物的本能——爱美之心人皆有之，加进了每一位作者的审美倾向，已经能够形成完整的艺术作品。但是人类的追求是无止境的，因此在创造美的过程中，不断拓宽探索新的领域，实现其表现的和写意状态中无须控制的偶然、必然超越和创造的目的。

（二）"写意"是中国艺术的传统

"写意""大写意"作为中国画的画法由来已久。"写意"一词最早出现于《战国策·赵策二》"忠可以写意"，解释为

《丝绸之路·陕北纪行》　208cm×1000cm　纸本水墨　2014年

"公开地表达心意"。它是超越时空的创造，是中国文化本源的重要特征，使中国画保存并不断加强和显示着她"超以象外"的东方气质。从先秦至隋唐，从隋唐至宋元，从宋元至明清，"写意"一脉不断传承，不断超越。而"大写意"既是对写意品质的一种强调，对写意范畴的一种扩展，更是对写意从画种，材料之"器"层面向"道"层面的提升和升华。岩画、彩陶清新本真的描画；玉器、青铜神妙狞厉的远古气息；顾恺之飘逸若神的精彩绢绘；王维"凡画山水，意在笔先"的论调；白居易《画竹歌》"不从根生从意生"的言辞；张彦远在《历代名画记》中论顾恺之画"意存笔先，画尽意在""虽笔不周而意周"；欧阳修也有"心意既得形骸忘""古画画意不画形"的诗句；苏东坡论吴道子画有"出新意于法度之中"一说。此后，赵孟頫的"存古意"理论、梁楷的大写意人物

画、徐渭的大写意花卉、陈洪绶的古意人物，以及元四家、明四家、四僧、八怪、海上画派等无不以写"意"为正宗。

中国的写意与西方的写实二者的关系问题由来已久，在不同的时代背景下产生了不同的解读和认识。厘清二者关系，对挖掘中国艺术的写意传统和写意精髓有重要意义。

中国写意艺术和西方 18 世纪之前的写实艺术，横向比较是不同的类型，有不同的文化基因。西方艺术以科学为支撑，在人类社会发展的初级阶段，科学有力地支撑了西方造型艺术的发展和完善，但是在后期也显示出它对艺术本质发挥的限制，以科学为标准的艺术逐渐地偏离艺术本质。中国艺术始终没有偏离"表情达意"和发挥人的即兴创造的功能和状态。因为它以整个社会学、人学为支撑，比较之下，显得不够科学，但是其符合艺术的本质。从纵向来讲，18 世纪之前的西方造型艺术，由于科学的支撑同时对它的一种限制，形成完整的科学体系，有法可依，也便于掌握。横向的来讲，在我们当下交通信息发达的社会，统观东西方绘画，西方 18 世纪之前的艺术就只能成为中国艺术的前期和基础。它更倾向于技术的完善，物理和生理感受的直观，逻辑的正确。而中国艺术则始终把物理和生理感受作为基础，追求文化感受。18 世纪之前的西方造型艺术就成为东方艺术的初级阶段，而东方艺术始终保持着人类追求文化的最高境界的属性。

18 世纪以来，西方现代主义由于诸多的社会问题促使哲学的多元化，艺术显示出异常的活跃，在本质上逐渐地从科学解放出来，向艺术的本质回归。其创造的成果令西方现代人大吃一惊，五花八门，泥沙俱下，但在艺术本体上，和中国艺术殊途同归。再次证明中国写意传统符合艺术规律，符合艺术本体，中华民族 5000 年文脉不断，艺术传统源远流长。

（三）写意是中国艺术的灵魂

中国是写意的中国，中华民族是一个写意的民族。写意是中国人与生俱来的本能，中国人的思维特征就是"意"的思维。它讲究"悟道"，"朝闻道，夕死可矣"。中国是一个从社会学经验出发的民族，没有纯科学概念，在更大的范畴内不屑于经过严密的科学或逻辑论证。这个民族特有的穿越表象透视本质的品质能够"不以目视而以神遇"，神会于客体的功能优秀于其他民族。因此，中国人通过经验或直觉得出的结论，能够从事物的核心出发，其大无外，其小无内，向核心集中，向六方扩散。西方人可能要在实验室或书斋里经过漫长的推理、检验才能得出。比如中医，中国人思考的东西"大"而模糊，西方人思考的东西"细"而清晰。中国艺术以社会学为基础，西方艺术以科学为基础。细有细的好处，大而化之趋于化境，混混沌沌，无极无际，更接近艺术的本质。西方没有"无"的概念，更无"无极"的认识，一切企图经过论证达到所谓的"科学"，其实这种科学本质上讲是最不科学的。

中国哲学的核心是"阴阳"，一阴一阳谓之道，二元合一，并不对立，宇宙、世界、人生，概莫能外。天地、日月、盈亏、物我、生死、分合、敌我、男女、君臣、父子、夫妻、喜怒、冷暖，经久不衰，历久弥新。这是中国的辩证法、矛盾论，它不是产生在逻辑学上的思想，而是来自直觉和经验的。在中国人看来，世界不只是物质的，是物质和非物质与精神以及"无"并存的。因此，除了"无极"之外，一切都只是相对的，但只有"无极"，艺术才能不断更新。

这是中国人的思维特征。艺术的核心是表情达意，核心还是"意"。从自己的经验中得出判断，并将自己的直觉外化表达出来，即"写意"。写意无对错，写意无极限。

不仅造型艺术，所有的中国艺术都是写意的。音乐、戏曲、诗词莫不如是。一定的曲牌、词牌、表演动作都有一定的格式，都代表一定的形式。比如京剧的表演，鞭子一挥就是几千里，两手一合一插就表示关门。中国人把一定的内容、形式概括为"程式"，也称为"程序"，即不以描摹具体的对象为目的，而是紧紧围绕这个核心和约定的程序来写"意"。

所以可以说，"写意"是中国艺术的精神、核心和灵魂。孔子早就有"圣人立象以尽意"（《周易·系辞上》）的说法；《庄子·外物篇》也有"得意而忘言"之说；卫夫人在《笔阵图》中也说："意后笔前者败""意前笔后者胜"；王羲之也说过"须得书意，转深点画之间皆有意"（《晋王右军自论书》）。中国的艺术观从来都是轻"实"重"意"，留下了许多诸如"意境""意象""意态""意趣""意绪"等精辟的语汇。还有"意在笔先""意在言外"，都是表达中国人对"意"的追求付诸语言和思维的结晶。

（四）大写意是一种精神

"写意"不仅是文人画的形式，更是文人画的精神，也是中国所有造型艺术的精神，包括工笔画、宫廷画、民间画工画和雕塑、装饰画，它们都是以表情达"意"为主旨的。在"形似"和"神似"之间，都是更强调"神似"，并且以"神似"为目标。而所谓的"神"，是作者自己感悟而倾注了主观"意"的成分。"不以目视而以神遇"，人的意就在其中了。

在世界范围内，中国文学艺术提出的"写意"是古今中外一切艺术中最透彻地揭示人类艺术目标的贡献。西方从远古崖画彩陶，一直到现当代艺术也是如此。因此这里讲的写意是从传统写意借鉴的概念，实则是把画种技法层面提升到哲学概念的"大写意"，其所指是整个艺术所有门类。它绝不局限在一个画种、一种材料、一种形式和表象，它是从技法上升深入到艺术本质的一种精神，是物质层面到精神层面，从"器"到"道"的一种精神。

　　所谓"意在笔先"，作画之前，画家对世界的总体看法也就是他的整体的美学观，自然而然早已凝聚胸中，是几十年对世界的整体认知的积淀。触景生情，南朝刘勰有"登山则情满于山，观海则意溢于海"的言论，其实是对世界的总体看法随时随地受到外界触动从而引发新的能动，所以是生生不息的。不能局限在一个故事、情节道具、民族服饰上，不能被这些表象吸引得眼花缭乱。要挖掘人、天、地、自然深层的关系，所谓"天地有大美而不言"，人和万事万物都是有生命和灵魂沟通一体的大的一种"意"。写意的最高要求，一笔一画都是有生命的，都是生命的一次轮回。因此，以写意为精神的中国造型艺术大境界就是省略细节，关注生命的本真，直追形象之外的元神。

　　"大"是一种包含天地社会内容的纵横观照，"大"不是一个单向的，它是纵横的、统观全局的、天地一体的。"大写意"与"小写意"不一样，"小写意"是一种技法。日月经天、江河行地、天地人合一是一种宇宙观。"大写意"是一种纵横观照，是一种全面的、古今一体的宇宙观。它既是精神的，必然与物质相对应，但并不是虚无缥缈的。"大写意"不是物质，是"相对于物质世界的一种精神存在"。如果把"大写意"说成一个画种、一种物质、一种实在，那它就成为一种形而下的画法，是器层面的一个画种、材料和方式而已。

（五）大写意是一种观念

"大"是一种天地人一体的纵横观照，是一种倡导，是一种强调，人有担当谓之"大"。中国人对"大写意"是非常重视的。"意"就是一种情意、一种意思、一种思想、一种想法，是人长期观察思考得出的对自然对象相对成熟的带有强烈自我意识的一种观念和看法。在绘画中的"写意"是通过"象"来表达的，所谓"立象以尽意"。"象"与西洋人讲的"形"不一样，西方人讲"形"，中国人讲"象"，在中国"象""形"都有。"大象无形"，"象"指的是"大象"，大象是无形的。而中国人的"象"是超越西洋人的"形"的。"形"是可看的，"象"是超越这个可看的自然，而最后创造出来的"形"。不是自然的"形"，不是看到的"形"，而是长期感觉感受形成的超越自然形的"象"，是经过加工后的"形"。这种"形"已经上升为一种"象"，叫"大象无形"。无形并非没有形，只是不是自然形，不是经常看见的，但是是有形的，通过这种"形"是表达"意"的象，它是中国特色的艺术造型观。"大象无形"是中国特点，观念是思想的结晶，是一种哲学层面，是形而上层面的一种观念。"大写意"是一种"观念"，是经过思维、思想沉淀的，在中国艺术大的范围范畴中具有普遍的意义。"象"和"形"观念是不同的，它是一种表现性的客观，一种表现"意"、传达"意"的客观。所以这种表达意的对象不是原形，是一种人为创造出的形即为"象"，通过立象表达人的一种观念。

"大写意"是观念、精神和创作方法，不是具体的表现方法，更不是表现技法。我们反对照相式的描摹对象，并不是反对用各种合适的表现手法和技法，表现出深刻构思的、技法层面的写实具象手法。新颖的构思、超现实的观念不排斥使用具象写实的手段，相反，貌似写意的大笔一挥，如果缺乏深刻的内容和创新的思维，也许就无写意可谈，更不用说大量充斥市场的写意画的变体或者完全的临摹品。宋代以后的写意画固然有其特有的技法，我们依然尊重并且要发扬光大。但这里讲的"大写意"是哲学和"道"层面的，是形而上的，并不是技法层面的，这有根本的区别，一定要厘清概念才能分层讨论。

（六）大写意是一种方法

我们已经讨论了观念、精神层面的问题，现在可以讨论操作层面的写意方法。"大写意"同时在操作层面也是一种方法。这种作为一种方法的国画范畴的"大写意"，最能用来说明大概念中作为一种精神和观念的"大写意"是一种观念和精神。虽然这个方法是具体的历史形成的小方法，但它却是一个典型的例证。我们暂且以中国画的"写意画"为例来加以剖析，以便于研究问题和进一步探讨涉及其他所有画种的普遍性。

中国画首先是观察方法，即"十观法"：

1. 以大观小。所谓以大观小，比如我们现在离所画对象很近，可以想象，站在很高的空中来看原来的地方，可以把周围的环境一览无余，其中有我们。

2. 以小观大。与以大观小法相反。

3. 远观近取。在很远的地方看一片风景，但对风景的某个局部画得很清楚。因这是重点，大的布局定完之后，再把细节按近观所得描绘出来。

4. 近观远取。在近处看，画出来的是远观的大场面。

5. 仰观俯察。对于要描绘的对象并不是在一个地方看，可以仰看，可以俯视，可以面面观。

6. 由表及里。观察一个事物不能看其表象，要通过其表象掌握人的心理、思想、性格和内在东西。

7. 以动观静。要描绘一件事物，对方静止，要在其周围观察，四处观看。

8. 以静观动。看黄河长江奔腾万里，人坐在岸边，看其流速、流逝，看其早晨、黄昏，自然界无穷的变化全过程尽收画中。

9. 目识心记。画一个人或物，并不是对着人或物画，而是通过反复观察已经记住了，不用看就如在眼前。所谓目识心记，烂熟于心，闭目如在眼前，放笔如在眼底。

10. 以情动物。在观察、描绘一个人物时，不能仅像照相的物理反应，也不仅是动物的生理反应，人是高级动物，要对这个对象有许多思考，对这个人要理解。所谓"登山则情满于山，观海则意溢于海"，赋予对象以人的感情色彩。

其次，表现方法可分为五大技法：1. 勾勒法。用线条、用单线勾勒出一个物象的方法，如白描等。2. 勾皴法。如山

《土家花灯戏》　136cm×68cm　纸本水墨　2017 年

水画一边勾一边皴，勾的是轮廓，皴擦的是里面的结构。3. 泼墨法。大笔挥洒，像泼水一样。4. 破墨法。已经画出的泼墨，当它还未干时，再用水或墨继续加，加的时候互相要渗化，这叫破墨法。5. 积墨法。待这些画面彻底干透了以后，还不够，再层层加墨，叫积墨法。

第三，造型方法，即造型四步。第一步，写实。对实体写生，画人物或风景尽可能画得接近对象真实。第二步，取舍。自然物象是丰富多彩的，但作者根据自己的理解、根据自己的构思取舍、根据对主题的理解，突出重点尽量概括。比如一棵树有一百多个树枝，但画面上可能只画十来个树枝，只要画出它一个丰富的感觉就可以了。把背景去掉，突出这棵树，通过取舍完成。第三步，变形。作者目识心记，写生多是对所要画的内容有了深刻的理解，在绘画时，对着物象画出的不是物，而是一种对物的感觉，是经过想象制造出来的，画的是有意的概念，是作者对物象的理解，可能画得与自然结构不同，有很强的主观性和个人特色，所以叫变形。第四步，忘形。不知道自然原来是什么样子，作者对自然形象的把握达到炉火纯青程度，想怎么画就怎么画，作者已经忘记它原来的结构是什么比例，随心所欲而不逾矩，而该造型是长期创作的必然结果，表现时自然才思喷涌，所以叫忘形。

第四，用笔方法。用笔和用墨都有四种境界，其中用笔四境：1. 执着。比如写字的人开始对字的结构不熟悉，描红很认真，一丝不苟，很执着。2. 从容。天天描红，接下来不用照着写也能驾轻就熟，很从容，甚至背过了，就更从容了，很轻松地把字写下来，这要经过很长时间习惯成自然。3. 放纵。达到完全心里有数，闭目如在眼前，放笔如在手底，随心所欲，一任放纵。4. 忘情。物我两忘。经过终生的锤炼，自然和自我融为一体，外师造化，中得心源，心身一致，达于化境。往往所画作品偶然而不可预见，超过作者的想象超过作者的感觉和经验，每当作画才思奔涌，笔若神助，不知道是非，连自己都无法想象，即为忘情。

第五，用墨方法，即用墨四境。1. 淡墨明丽。如月光明丽，轻若蝉翼。2. 中墨苍茫。如黑不黑、白不白的混沌状态，苍苍茫茫。3. 重墨浑厚。像月光照在山的背光，很重、很浑厚。4. 焦墨沉绝。把墨研得最重又隔了一天的墨，要比浓墨还重，浓如焦漆，很少有人用，这种墨一般不要透明，定要死黑，所以叫焦墨沉绝，一沉到底。

（七）"大写意"是一种过程

"大写意"是一种过程，简单地讲，大写意是一个完整的、正常的生命过程，从发生发展再进行到高潮，一直到最后完成。这和一个人从出生一直到他长成青年、壮年、中年、老年到死亡的过程是一样的。所谓"外师造化，中得心源，长期积累，偶然得之"，随着时间、地点、环境、气候、心情等的不同，显示出不同的丰富效果。即兴性、偶然性、不可预见性是"大写意"不可缺少的特点和重要特色。这个过程很多人没有经过长期实践，修养和研究体验不重视、不了解，甚至一无所知。

"大写意"是生命的全过程，但并不是把一颗种子埋在地里就能长出来，可能埋了很多种子，但生不出芽。并不是所有的人画画都能有所成就。所以这就是生命，它具备生命的所有成分。而大写意这个过程，它又在浓缩得很短的时间内一挥而就，很短时间浓缩了作者所有的因素、所有的修养，所有的偶然性都有可能发生。

"大写意"是一种天才创作的过程。简言之，就是人和天地自然的合作。在作画过程中，随时把时间、温度、气压、湿度、声音、光线、季节，包括风雨，所有生存环境中能感受到的偶然巧合充分利用，达到主观的、主动的和被动的，以及可操作和不可操作结合起来，突然出现神来之笔，超出人力所能把握的效果，是为天才作品。

而绘画中没有神来之笔，是这些因素没有巧合，可遇不可求。如果巧合了，就可能出现天才作品。包括国运、时代、经济、人缘，画家的身体、知识、状态和一切因素偶合到一起，可能是天才作品诞生的绝佳时机。

因此，"写"是一个重要的创作过程和生命过程。

中国画是"写"出来的，西洋画是"画"出来的。中国画的绘画工具和日常的书写工具都是毛笔。毛笔这个柔软的工具给绘画过程带来了无限的可能性，在落笔之前甚至是不能完全预知其效果的。笔、墨、纸的性能是一个方面；另一方面，落笔时的精神、情绪和体力状态都会在画面上造成细微的差别。中国画有即兴性，谁也不能画出两张完全相同的画，时移、地移、气移，画即移。因此中国画讲究一气呵成，不能间断。西洋画可以在铅笔稿上落笔，而中国画在落笔之前面对的是一张白纸；西洋画可以涂改，而中国画一笔败笔就只好重来。因此中国画更强调"写"的过程。抵达同一个目的地，坐飞机和走路的过程体验是完全不同的。"写"就是行路和体验，有过程意义，有节奏感，有生命感，书写的是作者当时的瞬间状态，是当时的"意"。这个当时的载体记录了作者的全部过程和全部信息。

（八）大写意是一个体系

大写意是一个体系。写意的基础包括了"写实"和"抽象"。写实、抽象是重要不可少的绘画元素，但就像生活和语法都不是艺术一样，它们都只是要素。"写意"因为中庸才显"大"，西方没有"写意"的概念，却有一个"抽象"的概念。"写意"是在"写实"和"抽象"之上的一个概念，它是写实和抽象的"中庸"。因为中庸，不走极端，更具包容性，更显其"大"。既有象又不仅具象，能更大范围地表达"意"。

写意、写实与抽象，三者的关系就好像艺术造型的金字塔结构。

抽象、具象和意象是一个金字塔的关系，具象和抽象是对立而互相存在的两个定义和概念，分别处于金字塔底边的两端，而三角形的金字塔结构的顶端是意象。因此，具象和抽象研究、探索的成果越深入，具象、抽象两端背道而驰形成的底边越长，与意象这个三角形按同比放大，意象的空间就越大。具象和抽象是意象的基础，具象和抽象是造型艺术的重要元素，缺一不可。具象是生活原型，抽象是造型艺术的本质结构，是背后的结构支撑，是抛开具体形象、画面结构的本质形式。因此，从哲学意义上讲，具象和抽象都不能独立成画，都不能独立地成为艺术品，只能成为艺术元素，是造型艺术构成的一部分、一个层面的切入点，都为意象造型提供必要的支撑。而意象包含了具象和抽象的所有内涵，赋予了造型艺术以思想、观念、精神和打动人的情感。具象是所有物理、生理感受的第一来源，是一种人类对于自然界的直接反应。而抽象需要理性，是一种高级思维的结果，需要逻辑和哲学。意象是艺术的最终呈现方式，包含了物理、生理、理性、逻辑的全部成果。但最后呈现的意象之象，是大自然和人的共同创造，所谓物我相融是历史和当下的共同创作，因此，它有可能达到每一个时代的高峰，有可能具有里程碑式的属性。因此，三象互为支撑的完整体，意象高于具象和抽象。

"大写意"是从无法到有法，从有法到无法，从而进入一种自由状态。因此，从理论到实践，"大写意"都是一个完整的体系。

关于"大写意"的理论，最早散见于各种各样的文论。从古到今，中国人一直讲究"大写意"，最早泛指文学艺术。《文心雕龙》有"形在江海之上，心存魏阙之下，神思之谓也""思接千载，视通万里"，言明艺术思维是一种想象、联系，概括出艺术家的一种状态。唐代的王维就是"大写意"画法的鼻祖。苏东坡以"论画以形似，见于儿童邻"，把形、神谁更重要说得很透彻。到了元明时代，画法十分完整。倪云林说："逸笔草草不求形似，聊表胸中逸气。"这就是中国人画画的最高境界，也就是追求"大写意"。吴昌硕说："老缶画气不画形。"齐白石说："太似为媚俗，不似为欺世，贵在似与不似之间。"

从实践上讲"大写意"，我们的象形文字就是最早的绘画。发展成后来的岩画、彩陶、玉器、青铜器，都是古代的美术。及至进入到平面绘画，从出土的墓室壁画上可以看出，在魏晋时代，中国人就追求"大写意"。顾恺之的《洛神赋图卷》，人大于山，水不容泛，完全是一种浪漫主义。唐朝的绘画以肥为美，其实就是写大唐之意。宋元的绘画，技法很发达，中国的封建社会已处于一种下降状态，知识阶层对社会现实不尽满意，故当时的绘画离现实相对远，更是一种写时代之意。清代的石涛、八大山人，抒发的是一种明代遗民之情绪。到了齐白石，红花墨叶，都是"大写意"。

因此，中国写意画跟中国书法一样，从写实的象形文字到写心，有一个完整的体系。具体到某一个画家，都会随情绪、随画外因素的影响，甚至随天气的变化，表现出一种不同的精神状态。这就是绘画中的"大写意"，它是世界艺术的极致和

117

《丝绸之路·苦水社火》　295cm×2835cm　纸本水墨　2016 年

峰巅，有完整的理论和实践体系。

（九）大写意是一种功夫

俗话说"台上一分钟，台下十年功"，绘画也是这样。"大写意"是一种功夫，像所有中国的功夫一样，需要长期的苦练和积累，只有倾其一生，才能达到创造新"程式"。"程式"是需要功夫的，每个人的"程式"是他全部的生命、生活的载体心电图和信息库。要表现深刻的个性，就是说作者要总结出自己的一个过程，这个过程就是一个生命。在最后表现的一刻，要有顺序，这里积聚着一种功夫。"程式"就像写书法一样，形成一个"体"，宋徽宗写得很细的那种"体"，颜真卿写得宽的那种"体"，很厚重，各人"体"不一样，各人的"程式"不一样。现代人讲的"程式"程序不一样，顺序不一样，对别人的感觉也不一样，颜真卿写得很宽厚，宋徽宗写得很秀逸。书法本身有真、草、隶、篆，这要讲究功夫。功夫不深的人对书法辨别不出来就是这个道理。所以大写意是一种功夫。不重视功夫，只重视一般的过程是不行的。冰冻三尺非一日之寒，要达到"力透纸背"需要终其一生才有可能。古代书画家每当运笔，兔起鹘落，稍纵即逝，看似逸笔草草，

而实则十分精准，都是通过终生的修炼才能可望可即。

（十）大写意是一种境界

每个成功的艺术家都在追求自己的境界。如果只是自己一种独特的样式，没有高度，那就不能叫境界，因为境界牵扯到高度。但是有高度而无个性也不行，如练名家的字，练得和他一模一样，这只是个样式，没有境界，有水平，但没有个性，只能叫临摹。所谓境界，就是要形成自己的东西，但自己的东西还要比别人高，这才是境界。境界要经过一个过程，开始这个境界是写实、画得真实，是一种比较客观自然的状态，它没有经过升华。第二步是写心，通过写心表达他的意思。他为什么选这个景，不选那个景？因为这个景更能反映他自己的心境。通过"写实"与"写心"，虽然表达了作者本人的意思，这也只能达到摄影一样的层次。此人照的是一种暖调，是他的心境，彼人表现冷调，也是他的心境。但是，在画面上只是自然表达自己的意思还不够，最后这个境界还要提升，提升到一种自己的、个别的、别人不可及的样式，却同时又代表普遍意义，达到这样一种层次，才有境界。这个境界在中国能够反映"道"，即宇宙间的普通道理。

大写意最终要通过"形""神""道""教""无",即由有极的"形""神"走向无极的"道""教",并不断向"无"的不断超越,形成新的轮回。

中国画有五种境界:一曰形,二曰神,三曰道,四曰教,五曰无。

一曰形。形是造型艺术的基础,没有形作为载体,造型艺术一切都无从谈起,什么样的形即反映什么样的意。意、象、观念、形式、构思、方法、内容、精神、品位、格调等等,无一不是从形开始,靠形体现,依赖于形,所谓"以形写神""形神兼备"。而形有自然之形、眼中之形、心中之形、画中之形、画外之形。画外之形谓之象,象大于形,"大象无形",大象之形并非无形,而是无常形也。

二曰神。神为形所表现的重要任务之一,所谓形具神生,200年来乃至当下,国人利用西法之透视、解剖、光学、物理手段,以形写神颇为简单,具备在像的范畴内快速练就的写实方法,更有甚者利用照相方法,写实自然,真正的是"形神兼备"。然而以自然之形的临摹体现对象之神为初学者,眼目物理感受而已,以形写神,中西无异。而以敏感于对象之元神,直追摄魂之神,遗貌取神,得鱼忘筌,以神写形则更高一筹,非一般能及也。但此又仅为我国画之初步,并无境界可谈。形神论者,小儿科也。

三曰道。道为一切事物之本源。国画之道重在舍其形似,舍其表象,而求其本质,求其本源。天地有大道,人生亦有道。绘画之道有其规律，谓之画道。道是一个范畴，作为名词可视为本质规律，亦可作为动词，即在道上，在途中，是途径，是门径，所谓众妙之门。道，玄之又玄，需要我们抛弃表象的形与神，向纵深探索。只有舍弃表象才有可能进入"众妙之门"，停留在形神的表象描绘是很不够的，超越"形神论"才有可能进入"玄之又玄"的"众妙之门"，道是中西画终极目标的初级分水岭。

四曰教。教是求道者在探索的过程中不同体验的不同总结、不同说法、不同学说。道，不可说，一说即错，这是哲学的负责任的态度。而艺术家是感性的、即兴的，随时要表达主体的不同感受，个体对道的不同理解，诉诸艺术，即产生不同的说法。真诚的心理感受的抒发即产生不同的学说谓之教，发挥表达出来以施教于世，亦谓之教也。

五曰无。无即艺无止境，艺海无涯，无法之法，大象无形，有无相生，无中生有……无是随时发生于发展中有生命的事物变化过程中的不可缺少的现象和环节，事物只有不断地进入无的境界才有可能无中生有，生生不息，否则就要窒息死亡而无法循环。无法进入无就无法进入有，有了无，艺术的发展才能推陈出新，这就是中国的从无法到有法，从有法再进入无法的无法境界。无法既是突破，又是自由，还是选择的多种可能的空间地带。

我们应该超越形神论，通过自己的形神兼备，追求自己的道、教境界。当下的浮躁是艺术缺乏道、教的自觉，需要深层思考，深度挖掘。道、教是超象、超形、超色、超时代、超画种、超材料的，只有认识到这一点，不断进入"无"的文化自觉，超越形神才有可能。

有追求才能有境界，而这种境界，超越具体对象的形神物理和具体事物情节，直追形而上之品质，才有可能达到境界之追求。

我所追求者"顽石之形、老玉之质、古陶之品、陈茶之味"，这是中国人、中国艺术透过形和神，进入道和教的一种深层次的美学追求。

顽石之形：霍去病墓上的石刻经历千百年雨水冲刷、风化和岁月磨炼，留下的石头称为顽石，看上去没有棱角，实际上它是最坚强的、最丰富的。它能抵御一切外力，很顽强，应该讲它是吸收了天地岁月、风霜雨雪所有精华形成的一种顽石之形，丝毫没有人工雕凿。

老玉之质：中国考古学家相信在新石器时代与铜器、铁器时代之间，横亘着一个玉器时代。东西方文化最早的基本差异，就是新石器时代有无发达的玉器文化。东方文明的智慧在玉器上闪烁着璀璨的光芒，它是中国传统手工艺中最富魅力的一种，值得我们珍爱。自文明之始，崇玉与爱玉的民族情怀根深蒂固。《礼记》所言"君子无故，玉不去身"，是强调有社会地位和身份的人要向玉学习，警示他们没有特殊原因，玉不可离身。中华民族这种崇玉、敬玉、爱玉的情操，明清时期比汉唐时期有过之而无不及，玉的雅丽和圣洁征服了一代又一代中国人。而尊玉、爱玉、佩玉、赏玉、玩玉、藏玉，就是目前社会玩玉爱好者的真实写照。老玉，里面是玉，表面有岁月留下的包浆，看似朴素，内部却极其高贵。

古陶之品：与瓷相比，陶没有表面的浮光，一切表面的漂亮都去掉了。但是作为陶的丰富性，比瓷更耐看，看不透。陶很质朴，跟土接近，朴素得像土，又不是土，经历火烧，有火烧的痕迹。陶器上还绘有生动逼真美丽的图案，这充分表现了古人的想象力和创造才能，这些都为我们提供了了解原始社会先民生活和生产的可靠信息。陶器的生产又促使人们的生活逐渐巩固下来。古陶代表人类对艺术本质的追求。

陈茶之味：普洱茶是"可以喝的古董"。很少有饮料或食品具备普洱茶这种可饮、可藏的双重特性。"人人皆可饮，越旧价越高"，普洱茶那样地耐人寻味，纯朴、古老，让人们回味无穷。普洱茶茶性温和，不伤胃，陈化得宜的普洱茶不苦不涩，即使久浸亦能入喉。从某个定义来说，普洱茶是"活的有机体"，随着时间的延长，它的风味转换越趋稳定内敛，放多年后茶性会转温和，这就是好的老普洱。香飘四海的普洱茶，酿造了源远流长的"普洱茶文化"。因此，中国艺术不是"形神论"，是"形神道教无论"。

"形、神、道、教、无"五境界是入道的必然之路，只有进入"道""教"和"无"的境界，方可指向中国艺术的终极境界"大美为真"。"天地有大美而不言"，然"道"为"器"之师，"器"为"道"所使，需"器道并重""器道并行"，方可由"器"进"道",化育人心,力戒浮躁,进入"一人一品",容天地于我心,顺天地而行事,大写意的终极追求莫过于此。"大写意"是为"道"也,而道的目标包含西方的"哲学",更重东方的"人学","人学"是"哲学"之上更重要的人对道的追求。科学求真,人文求善,艺术求美,"道"则天、地、人三者合一,以人为本是为小美,天地为本是为大美。小者求小美,极端而个人;大者求大美,大美而本真。只有天地人合一,真善美合一,"充实为美,充实而光辉之为大",只有大美,才能归本真,中国美术才能生生不息。

"大写意"是经过"形神道教无"五种境界,直达"大美为真"的终极目标、终极境界。写意不仅是一切艺术的目的,更是一切艺术的最高目标,也是一切艺术高低的评判标准,具有目的—目标—标准的内在逻辑性,而且继之以不断的循环往复,生生不息,代代陈传以至"无极"。

绘事感言

　　美术乃人类大事，眼目所及无非美术，所谓大美术也。自岩画、彩陶、甲骨至今，从无到有，从有到无，数万年不可考。其功能初为叙事，进而审美，再进而天人合一，有感而发。出人意外时有意无意之创造，所谓天工开物，出神入化，至此大写意之境界也，不计实用，不计得失，为人类高级生活行为方式，懒汉懦夫、凡夫俗子不可为也。万物有道，画亦有道。秋云飞扬，春风浩荡，日月经天，江河行地，万古乾坤，各有其道。人为动物，有感而动，自食其力方可丰衣足食，而初具温饱，即应求善求美，忧虑世事，达则兼济天下，穷则独善其身。

　　然则无论穷达，志须远大，趣必高尚，方可为人，为人者才可谈画。而画如其人，生于父母，命为天造，有生有命之为人才，有命有运之为天才，但人不可知，因此尤以勤勉和画外功夫最为重要。

　　读万卷书，行万里路，鉴万件宝，画万卷画，育数万人。

立志、践行、创业、留言，探天地之道，穷万物之理，倾有生之力，创万世之作。不在乎多，在乎精；不在乎大，在乎深。不在当下，功在千秋。人知者为之，人不知者亦为之。否则有形无象，有气无韵，有墨无笔，有写无意，有画无道。无道之画，划也，人去即逝，虽一时浪得虚名，与世无益耳。与世无益者，无须为也。

当代美术转型的五个特征

中国之美术，有史可考者上万年，而近两百年来向科学之西画学习，出现传统之断裂。而今经济发展，国力增强，当代中国美术在纯艺术创作层面已出现转型，学理上向数千年传统回归。西方现代主义诸流派在艺术本体上所呈现的多元，其根本与中国传统精神殊途同归。其中主要包含五个特征：

1. 题材模糊化。两百年来，由于经济落后，经济和文化尽向西方学习，以西方为标准，尤其计划经济时，一切向苏联学习，现实主义影响很大，表现的都是亲身的经历和有准确记载的历史上的现实题材。因此，表现的题材是具体的。但由于改革开放，人的思维纵横拓宽，以及对中国传统文艺思想的借鉴，古人"形在江海之上，心存魏阙之下，神思之谓也"。艺术家在创作灵感来临之际，"视通万里，思接千载"，因此，作品的容量很大，纵横交错，显示出对表现题材的一种综合，表现出表象的"模糊化"。

2. 主题多义化。由于表现题材的模糊化，主题的时间、

127

空间范围无限扩大，因此，无论作者还是读者，无论是创造还是接受，都会出现对主题的不同理解，形成主题"多义化"。

3. 造型意象化。由于对照相记录生活的写实画法的超越，具体在造型的过程中，主观意向使得作者的造型具有更加个性化的夸张超越，显示出明显的"意象化"。

4. 章法多维化。每一位作者的个性以及对艺术的理解千变万化，画如其人。在章法布局过程中，多向的思维和个性化的造型，在布局关系中间不受时间空间的限制，形成章法构成的"多维化"。

5. 用笔书法化。毛笔是所有绘画工具之中，变化最多，最难掌握，又表现力最强的一种。它的用笔八面出锋，能随着作者的不同思维过程表现出无限的生命力和可能性，又随着时间、空间以及外部所有条件的变化，产生作者把控之外的即兴性、自由性、不可控性以及偶然性。因此处于高效创作过程中的艺术家，利用高超的书法技巧和技法，更能够表现出借力、借势以及无法控制的各种过程，产生意料之中和意料之外超越所有以往经验的效果。因此，从古至今，高水平艺术家追求用笔的书法化成为宋代至今中国画坛的共识，从 18 世纪末世界范围的大师的用笔也可以看出这个趋势。

关于西方的现代主义

　　西方的现代艺术有其必然的社会根源和时代必然性，应将其艺术本体和社会问题分开来说，才能在学理上有所区别。

　　现代艺术是西方社会问题发展过程中的必然产物。艺术问题反映出社会问题，必然包括解决问题的方法、过程和副产品。现代艺术发源于欧洲，产生影响并被迅速采纳。美国是一种新型的社会形态，欧洲在与美国的比较中，表现出政治、经济、文化等各个方面的劣势，要改变这种社会形态，解决在发展中的一些社会问题，从政治、军事、经济入手，成本太高，风险太大，可能导致社会动乱。而这种社会矛盾与心理矛盾成为一种社会心理。追求新的突破，只有艺术成本最低、最活跃，它能够刺激人的思维，对社会的破坏最小。因此，在这样的社会心理和政府的宽容以及积极的鼓励下，现代艺术应运而生。

　　在这种社会需求下，现代主义像一匹脱缰的野马给相对沉闷的欧洲带来惊喜和心理刺激。现代主义的探索，在艺术本体上符合艺术规律和艺术创造功能规律。本质上讲，一切感受、感情都是过去时，感情是从感觉到理性的中间地带，是创造的原动力，但在艺术本体语言规律层面，一切创造都是非感情、非感受，才能近理性。创造是创作的深层结晶，是形而上的构建，都是理性和未来时，具有无中生有的特质，势在必行。但探索的过程泥沙俱下。西方的持不同政见者，往往出于各种政治经济目的，夹杂不同的意识形态，使得现代艺术错综复杂。因此，我们要透过表象肯定艺术本体的探索，同时要分清探索的成功和失败，探索的过程中的废品和下脚料，以及政治家和经济家强加给艺术的政治、经济利益问题。因此，并非现代主义都是洪水猛兽，也并非一切的现代艺术都是有益的。

文丘里大师创造"后现代理论"，我曾与其进行过较长时间的探讨，对其本质问题的看法无大差异。他反对现代主义的颠覆一切传统，同时又主张不断创新，后现代理论的基本构架即是如此，是对现代主义积极面的肯定和颠覆一切传统的消极面的矫正，有其本质的合理性。

附录一

年　表

年　表

	1 岁
1958 年戊戌	12 月 31 日生于医生教师家庭。 上小学前主要与老中医曾祖父一起生活。
	3 岁
1961 年辛丑	由于重病被误诊，养病期间自发地动手剪纸，对艺术产生极大兴趣，受到家长的鼓励。
	7 岁
1965 年乙巳	9 月上小学。
	8 岁
1966 年丙午	因成绩优秀跳级直上小学三年级，五年级因学制改变与六年级合并毕业，小学共上四年。 小学至高中一直承办多种黑板报和宣传栏。
	11 岁
	9 月上初中。
1969 年己酉	因同学父亲在收购站工作，从而有机会阅读大量国内外经典名著，几年时间养成快速浏览的习惯，阅读大量历史和古典文学著作，收获非常大。

1973 年癸丑

15 岁

9 月上高中（文体专业班）。

个人美术成绩出色，在学校乐队担任手风琴手，演奏各种小乐器，乒乓球获全校第一名，深得美术、音乐、体育教师重视。

曾通夜画画，并与秦百君老师一起用被子蒙窗偷放世界名曲，废寝忘食。经常礼拜天全天打篮球、乒乓球，并开始在父亲的安排指导下按《苏联中等美术学校素描教程》学习素描，对家藏俄罗斯和中国画册感兴趣，了解俄罗斯油画和中国古典绘画。

同年，被陕西军区点名招兵，但当兵未成。

1976 年丙辰

18 岁

7 月高中毕业，插队落户到陕西长安内苑公社。

由于劳动卖力，被评为"先进生产者"并公派去大寨参观学习，后被借调参加"两账一馆"，画了大量的插图。

当时拜谌北新、杨健健老师学习素描、色彩，并经常向武德祖、张雪茵等老师求教。

1976 年丙辰

19 岁

10 月上石砭峪水库修水库。由于劳动出色，又被水库指挥部评为"先进生产者"，后被调任施工员。

同年，报考西安美术学院未被录取，又一次当兵未成，原因不明。

1978 年戊午

20 岁
调水库指挥部工作。
拜陈光健老师学习速写、国画，后偶然得到刘文西老师指导，受益很大。

1979 年己未

21 岁
9 月考入西安美术学院国画系，暑假期间跟随刘文西老师去陕北写生，在延安冯庄画速写 300 余幅，得到刘文西老师鼓励。
素描并列全班第一名。
为陕西历史博物馆复制《马球图》等 20 幅作品。

1982 年壬戌

24 岁
下乡陕西绥德、米脂、吴堡县两个月余，与黄河船工同吃、同住、同拉纤，收集大量照片素材，创作大量速写、笔记等，感触很深。
在刘文西老师带领下，创作得到很大锻炼。

1983 年癸亥

25 岁
大学本科毕业，创作《黄河艄公》《黄河的歌》；同年 2 月，考上刘文西老师研究生，9 月连读研究生。

1984 年甲子

26 岁
用很大精力研究人体解剖结构，完整画成四本解剖作业。
其间曾借读陕西师范大学中文系，旁听补习古典文学，向高元白教授等专家悉心请教。
此时，国画《六月》入选第六届全国美术作品展览。

27 岁

7月与韩宝生、应一平、宗维新、晁汝愚、刘军等6人从西安出发，骑自行车经兰州、甘南、合作、禄曲、西宁、青海湖、互助县、翻日月山、达坂山，过河西走廊到敦煌、榆林窟、阿克塞。其他人陆续返回，后与宗维新一起经星星峡、哈密进入新疆鄯善、达坂城到乌鲁木齐。

1985 年乙丑

独自去库车，找到部队，在四师炮团结识刘水恭等，免费住部队。为水库题榜书。

为库车农牧局搞宣传陈列展10天。去拜城克孜尔千佛洞，库木吐拉千佛洞，高昌、交河故城等处考察写生。去吐鲁番葡萄沟，遇谢元璜、陈妍，一起写生，画成简笔画速写数十幅。

11月初，新疆降大雪，卖自行车买皮衣，返回西安。

28 岁

6月研究生毕业，创作《大河之源》组画7幅、速写200余幅参展。

1986 年丙寅

论文答辩与某先生激烈辩论，经方济众先生调解以4:1超时通过，获硕士学位并留校任教。

1987 年丙寅

29 岁

总体设计、监制西北饭店装饰、壁画工程，创作青绿山水大型壁画《阿房宫赋》，与赵步唐老师合作《河套风光》。

与刘文西老师合作《黄巢进长安》，并被北京军事博物馆长期陈列于古代战争馆。

1988 年戊辰

30 岁

创作《沸腾的黄土地》（与刘丹合作），获西德纽伦堡第四届国际素描杰作三年展优胜奖。

1989 年己巳

31 岁

经民主选举，任西安美术学院国画系副主任、讲师。修订国画系教学大纲，主持恢复国画系进修班。

1990 年庚午

32 岁

国画《黄河的歌》获"秦俑杯"国际书画邀请展金杯奖。

1991 年辛未

33 岁

9 月与刘文西、陈光健等老师一起赴新疆塔什库尔干写生 40 余天。

出版《速写教程》。

1993 年癸酉

35 岁

荣获陕西省"有突出贡献专家"称号。同年，被破格评为副教授，任西安美术学院国画系主任。

创作 64 米《丝绸之路》壁画陈列于西安利园饭店；创办西美公共艺术公司、艺术家书店、西安美术学院自考国画教学点。

1994 年甲戌

36 岁

9 月任西安美术学院副院长，主管教学；任陕西青联常委，参加中国青年百人团赴日本考察现代教育。

创作《波斯迎亲》、72 米壁画《丝绸之路》（陈列于北京八达岭中国长城博物馆）。

1995 年乙亥

37 岁

4 月兼任基建处长。

清理基建问题，结束一批久施未完成工程，立项启动一批新工程，大多被鉴定为优质工程。

力主改革，参与聘任一批年轻专家走上中层干部岗位。创作台湾慈济壁画《生命之歌》（200 米）；创作《波斯迎亲》参加第八届全国美术作品展览。

7 月全面主持行政工作，提出抓"教学、创作、创收"三件事，提出"素描教学抓十年"意见，主持《西安美术学院素描大纲》获"优秀教学成果"二等奖。与王有政一起赴欧洲考察，遇司徒立，聘其为西安美术学院客座教授；遇杨劲松，引进为西安美术学院版画系主任。

8 月主持创办巴黎国际艺术城西安美术学院画室。

38 岁

1 月创办"香港国际美术学院",返程考察浙江美术学院(后更名为中国美术学院)、广州美术学院,在绍兴遇杨锋,将其调回学院版画系任教。经刘文西做工作,调陈宝生到美院摄影专业任教。

5 月创办西安美术学院深圳分院、青岛分院。

11 月组织"全国美术院校教师速写邀请展"和"美术学院学生速写展",在西安美术学院举办展览。

12 月获国家"三五人才"荣誉称号。

1996 年丙子

39 岁

3 月至 5 月邀请日本著名书法篆刻艺术家今城昭二先生,中央美院朱乃正教授,法籍华人画家司徒立先生,钟函教授陪同德国画家洛克菲勒教授,美国纽约纽洛雪美术学院张哲雄教授等来西安美术学院做学术讲座。

5 月 15 日接待日本著名画家后藤纯男等一行 30 余人来西安美术学院交流访问。

1997 年丁寅

7 月任西安美术学院院长、教授。主编《现代素描》专集,主编《基础素描教学》与《美术教育专业的毕业创作和教育实习系列工程》获陕西省高校优秀成果二等奖。

为中南海创作大幅国画《终南竞秀》,为陕西体育馆创作《高风图》。与王有政一起访问荷兰阿姆斯特丹皇家美院,并至法国、德国、比利时、西班牙、葡萄牙以及埃及等国采风写生。

1998 年戊寅

40 岁

赴美国展览作品 20 幅。发动"华夏纵横"综合艺术工程并任总策划、总指挥，全国活动行程 7 万余公里。被选为全国青年联合会第八届委员。

接待厄立特里亚国教育部长、比利时国家美术学院院长拉夫·斯迈特及教授威姆·雷蒙特等来西安美术学院参观访问，邀请澳大利亚墨尔本大学张立中教授、德国雕塑家格约克·阿伦斯与油画家米莉亚、加拿大魁北克省女画家布莱萨等来西安美术学院做学术交流讲座。

1999 年己卯

41 岁

成功主办西安美术学院 50 年校庆。

主编《西安美术学院作品集》《西安美术学院论文集》，创作《愚公移山》参加"第九届全国美术作品展览"。

创作《远古足音》陈列于郑州火车站；主编《西安美术学院中青年素描集》；组织成立"西安美术学院国际意象研究中心"，聘孙宜生为中心主任。

2000 年庚辰

42 岁

3 月邀请法国纵横文化交流协会和出路协会主席罗兰·迪赛等 6 人在西安美术学院举办法国现代艺术展览，并做学术讲座。接待奥地利总理府文化艺术司次长 Riedl 先生、奥地利画家格哈德·古特曼夫来西安美术学院交流访问。邀请陈少华、彭德、意大利莫尼卡博士、荷兰"北极"艺术基金会艺术家H·白特先生、日本著名书法家柴山抱海先生等做学术讲座。

9月13日参加并出席"黄土画派首届邀请展"在甘肃省兰州市金城宾馆丝路画廊举行的展览。

2000 年庚辰

10月主持"2000·中国·西部美术教育研讨会"、中国八大美院招生会。策划中国西部国际艺术城，申请获批准征地200亩。

11月赴日本考察日本画家后藤纯男美术馆并写生。同年，获文化部人才中心"世界和平奖"金奖、"世界杰出华人艺术家"称号，新华社陕西分社评其为"陕西十大杰出新闻人物"。

43岁

1月策划"西部·西部"创作工程，赴北京论证，召集座谈会五次，拜访靳尚谊、刘大为、杨力舟、冯远、王仲、邓福星、刘晓纯、邵大箴、尹吉男、易英、殷双喜等。

1月17日赴深圳商谈中国教育网美术大学事宜，同时争取引进资金加强西安美术学院图书馆建设。

2001 年辛巳

1月21日主持成立西安美术学院后藤纯男日本画工作室典礼。

选荐乔宜男、郭茜、王珠珠学习日本画。

2月15日邀请国学大师文怀沙先生来西安美术学院讲学访问，并聘任文怀沙先生为西安美术学院名誉教授。

组织举办"'华夏纵横'写生展"在西安美术学院美术馆展出；策划并组织"中国·西安2001'西部·西部'艺术大展"，涵盖西部水墨、黄土画派、抽象水墨、现代服饰、当代版画综合材料、环境艺术、纤维艺术等多个展览。《陕西日报》刊登了杨晓阳《创造美术的西部》文章。

2001 年辛巳

邀请杜塞多夫美术学院罗伯特·塔丢斯教授，德国设计师昆特·柯尼伯先生，原中国美术家协会主席、中央美术学院院长靳尚谊先生，中国台湾艺术研究所所长刘国松先生，台湾地区著名油画家、艺术评论家焦士太、何肇衢等先生来西安美术学院做学术讲座。

10 月担任西安美术学院校园规划工程及省旅游局委托规划的"唐诗园"工程设计总策划。

12 月 7 日，原中央政治局常委、国务院副总理李岚清同志在原陕西省委书记李建国、原省长程安东等领导同志陪同下，来西安美术学院视察工作。杨晓阳作为院长向领导做工作汇报。

2002 年壬午

44 岁

4 月 8 日，原中共中央政治局委员、中国社会科学院院长李铁映同志在原省委副书记省长袁纯清，原省委常委、宣传部部长张保庆等领导同志的陪同下来西安美术学院视察工作，杨晓阳作为院长向领导做工作汇报。5 月 23 日组织召开西安美术学院纪念毛泽东同志《在延安文艺座谈会上的讲话》发表 60 周年座谈会。

邀请德国斯图加特国立造型艺术学院雷曼教授，法国著名画家、巴黎国立高等装饰艺术学院的多明尼克·提诺教授，美国《国家地理》资深摄影师保罗切利斯先生等来西安美术学院做学术讲座。

6月陕西人民美术出版社出版《告别过去——杨晓阳美术作品集》。

2002 年壬午

6月16日组织西安美术学院为"6·9"特大洪灾"赈灾义捐"活动。全院参加捐赠活动的有560人，共为灾区捐赠现金近22万元，各种物品3210件，书画作品140余幅。

10月16日出席西安美术学院美术馆举办的"黄土画派刘文西教授从艺50周年师生画展暨学术研讨会"。

45 岁

创作《关中正午》水墨作品。

受中央电视台《东方之子》栏目专访。

9月邀请法国巴黎国立高等美术学院院长库索先生、法国巴黎国际艺术城主席布律诺夫人，在西安美术学院进行了为期6天的考察访问。

2003 年癸未

在全院领导班子多年的努力争取下，9月8日国务院学位委员会批准西安美术学院为博士学位授予单位，美术学为博士学位授权点。

冬季组织对陕西会安山村实行对口扶贫，先后投资8万元，为该村小学购置了桌椅，修建水井，解决了该村长期缺水的现象。

12月4日当选为中国美术家协会第六届副主席。

2003 年癸未

12 月 25 日担任"大雁塔北广场文化艺术工程"总策划、总设计，并担任大型石刻浮雕《盛唐风情》主创设计。作品全长 107 米，高 3.6 米，曾获建设部、文化部颁发的"第三届全国城市雕塑建设成就展览"特别奖。这是继大雁塔北广场景观设计在第十届全国美展获优秀奖和西安市政府给西安美术学院颁发集体荣誉奖后获得的又一次殊荣。

2004 年甲申

46 岁
创作《农民工》《雪域》等水墨作品。
1 月 14 日邀请挪威松恩·佛丹郡文化代表团，加拿大安大略艺术与设计学院教授、著名华裔油画艺术家马锡任，著名摄影艺术家 David Scopick，美国堪萨斯州大学著名艺术教授罗杰·西蒙先生，意大利学院院长文森左·乔巴先生，国际平面设计协会主席、巴黎装饰艺术学院著名教授皮埃尔·贝纳尔先生，保加利亚国家美术学院院长波基达·伊奥诺夫教授等来西安美术学院参观考察。
4 月 17 日，陕西省黄土绘画艺术研究会黄土画派成立大会在西部美术馆隆重召开，担任常务副会长。刘文西为会长。
5 月 17 日与刘文西教授带领 17 位画家赴陕北采风，纪念毛泽东"5·23"延安文艺座谈会讲话发表 62 周年。
5 月 18 日组织成立西安美术学院特教艺术学院。
9 月 14 日兼任西安美术学院党委书记。
11 月 5 日随文化部大陆美术专业人士访问团赴台湾进行美术交流参访活动。

2004 年甲申

12 月 3 日组织西安美术学院画院画家开展向铜川遇难矿工捐画义卖活动。

2005 年乙酉

47 岁

1 月 6 日组织西安美术学院职工为地震和海啸受灾国举办义捐活动。

1 月 29 日邀请比利时皇家美术学院院长米歇尔·布德森教授来西安美术学院参观访问。

2 月 5 日与刘文西先生共同担任总体策划，为人民大会堂陕西厅设计创作大型国画《延安颂》《丝路长安》和《华岳春晓》。

3 月 17 日为西安美术学院全校学生做题为"探索中国特色的美术教育"专题讲座，提出"一人一品""双管齐下""三大理论""四大基础""五个一"等理念以及"三进三出三能"的教学思想，并与在场学生进行了广泛对话。

5 月 9 日参加并出席在扬州市美术馆举办的中国画名家"烟花三月"扬州邀请展活动。

8 月 17 日参加并出席全国政协在京举办的陕西十人"当代国画优秀作品系列展——陕西作品展"。

12 月 22 日，《美术报》西安记者站成立仪式暨杨晓阳美术教育理念研讨会在西安美术学院举行。

会议围绕"大美术、大美院、大写意"美术教育理念的根源、基础、实践以及当前美术教育的现状进行了广泛而深入的讨论。

12 月 31 日，人民网发表文章《大美术·大美院·大写意——关于建设中国特色的美术教育》。

2006 年丙戌

48 岁

1 月 28 日荣获"辉煌'十五'和谐陕西大型新闻调查活动"陕西行业领军人物称号,大型文艺颁奖晚会在西安人民大厦礼堂举行。

4 月至 6 月邀请台湾地区著名雕塑家朱铭先生,法国巴黎第八大学造型艺术系、巴黎装饰艺术学院教授布瓦西埃先生,美国哥伦布艺术与设计学院副院长夏洛特·诺曼女士,台湾师大美术系江明贤教授等来西安美术学院做学术讲座。

4 月 13 日带西安美术学院展览赴巴黎参加"巴黎·中国美术周"画展。

9 月 10 日,由教育部主办的《中国教育报》刊发文章《大美术、大美院、大写意——解析杨晓阳现象》,《杨晓阳谈"大写意"》和浙江《美术报》发表的《一个执行者的自我批判与重构》两篇访谈文章通篇报道了西安美术学院在教学改革中的美术教育理念和取得的成就。

9 月 20 日赴陕北参加"情系延安·全国美术家捐款延安教育活动"。

2007 年丁亥

49 岁

8 月 22 日荣获国家教育部授予的中国第三届"高等学校教学名师奖"。

享受政府特殊津贴,获国家级"有突出贡献专家"称号。

9 月"风生水起·大写意小画展——西安美术学院中国画系十人作品邀请展"在全国巡回展出。

50 岁

创作《生生不息》之一、《茶有道》、《酒逢知己》等水墨作品。

5 月 16 日组织西安美术学院师生举行"情牵'5·12'地震书画笔会和捐助活动",共筹善款 115 万元。

2008 年戊子　11 月 3 日在勉县阜川镇中心小学举行援建地震灾区捐赠仪式,捐赠百万援建该学校。

12 月 12 日连任中国美术家协会第七届副主席。

51 岁

2009 年己丑　4 月 17 日任中国国家画院院长。

5 月担任第十一届美展评委。

6 月 20 日离任西安美术学院院长。

52 岁

1 月 7 日看望著名油画画家、中央美术学院教授、中国美协油画艺委会主任朱乃正先生,并聘请朱乃正先生担任中国国家画院院委。

1 月 28 日看望老艺术家黄永玉、黄苗子、许麟庐先生,聘请黄永玉担任中国国家画院版

2010 年庚寅　画院院长。

3 月策划并筹备"第九届中国艺术节·全国优秀美术作品展览"。

展览于 2010 年 5 月 10 日在广州艺术博物院展出。

3 月 29 日,加拿大前纽芬兰拉布拉多省立美术馆馆长、著名国际艺术策展人高登·劳伦先生参观访问中国国家画院,商讨合作意向。

4月20日，在中宣部、民政部、广电总局、中国红十字会总会联合主办，中央电视台承办的"情系玉树·大爱无疆"抗震救灾大型募捐活动特别节目中，以个人名义为青海省玉树地震灾区捐款10万元人民币。

策划、组织由中国国家画院与陕西省麟游县共同主办的"九成宫全国书法大赛暨全国书法名家学术邀请展"。

展览于6月13日在陕西麟游展出，8月28日在西安展出。

2010年庚寅

筹备、组织、召开中国国家画院"七院"成立大会。大会于2010年8月31日在钓鱼台国宾馆芳菲苑举行。原文化部部长蔡武、中国文联副主席冯远、中国美术家协会主席刘大为及多位艺术界老艺术家出席。

国画院、书法篆刻院、油画院、版画院、雕塑院、公共艺术院、美术研究院7个专业院的成立是中国国家画院健全专业门类、完善组织体制的重要标志。

策划、组织、参加第12届中国上海国际艺术节"写意中国·中国国家画院2010大写意国画邀请展"。展览于9月28日在上海浦东展览馆展出。

策划、组织、参加由中国国家画院、中国——东盟博览会秘书处主办的"东方欲晓——2010中国·东盟美术作品展暨高峰论坛"，展览及论坛于12月18日在南宁国际会展中心举行。

53 岁

创作《生生不息》之二等水墨作品。

1 月春节前慰问老艺术家。

2 月 2 日新华网发表评论文章《登高壮观天地间——杨晓阳回望中国国家画院的 2010 年》。

9 月 14 日接受新华网专访,并发表文章《大美为真——杨晓阳谈中国国家画院建院 30 年》。

策划、组织、参加"东方既白·中国国家画院建院 30 周年大型活动"。

于 10 月 29 日在中国国家博物馆展览,在人民大会堂举办庆典活动。

2011 年辛卯 ● 10 月 30 日在中国国家博物馆学术报告厅举行主题为"全球化时代的中国美术"国际学术论坛。

展览包括国画、书法篆刻、油画、版画、雕塑、公共艺术、青年美术、院史展 8 项展览,囊括了中国国家画院顾问、院委、研究员 340 余人的 1200 余件作品。同时担任人民美术出版社出版的《东方既白·中国国家画院建院 30 周年美术作品集》总编,共 11 卷。

11 月 22—25 日作为代表参加中国文联第九次全国代表大会、中国作协第八次全国代表大会。

创作《塔里木风情》,被新疆人民大会堂收藏。

2012年壬辰

54岁

创作《生生不息》之三、之四等水墨作品。

1月新春将近，走访、慰问李昭、李铎、钱绍武、王琦、靳尚谊、力群等部分在京的著名老艺术家。

1月4日带中国国家画院慰问团至南宁，向广西红十字会捐赠价值500万元的绒衣绒裤、学习文具以及爱心大礼包等一批物资。

3月22日，"中国国家画院院长杨晓阳捐赠彩陶仪式"在中国国家博物馆白玉厅举行。杨晓阳个人向中国国家博物捐赠了自己收藏的彩陶100件，填补中国国家博物收藏空白。

策划、组织在纽约亚洲文化中心亚洲美术馆举办"中国风格——中国国家画院著名画家邀请展"，并率领中国国家画院艺术家一行15人参加5月15日在纽约的展览开幕式。

5月28日带领中国国家画院艺术家赴延安参加由中国国家画院、延安市委市政府、《陕西日报》报业集团共同主办的"走进延安——中国国家画院纪念毛泽东同志《在延安文艺座谈会上的讲话》发表70周年"中国百名画家写生采风活动。

7月30日，中国国家画院扩建工程项目建议书上报国家发改委后，国家发改委社会司副司长苏国、生活质量处副处长黄玮茹、科员窦瑾在文化部财务司副司长饶权，基建处处长周宇、副处长龙睿的陪同下来国家画院调研。

8月11日带领20余名书画家赴西宁，会同当地画家共同采风，参加由中国国家画院、青海省文化和新闻出版厅联合主办，青海省博物馆协办的"大美青海——中国国家画院著名画家青海行"主题活动。

策划、组织由中国国家画院主办的"南北对话——中国当代画家创作成就展"。展览于8月18日在中国国家画院美术馆开幕。

2012年壬辰

9月27日担任由中华人民共和国文化部和北京市政府联合主办的"2012中国艺术品产业博览会"总策划。组织、参加"艺术·经典——中国国家画院美术作品展"。展览于9月27日在北京宋庄上上国际美术馆开幕。

10月22日在杭州看望中国国家画院顾问、院委、研究员王伯敏先生。

创作《丝路风情》，被全国政协礼堂收藏。

55岁

创作长8.67米《丝绸之路》之三等水墨作品。

3月当选为全国政协委员。

2013年癸巳

3月初作为艺术家代表参加第十二届全国政协会议，并提交关于国家文化发展战略研究的提案，题目为《中国国家文化发展战略研究刻不容缓》，3月14日接受新华网两会访谈。

策划、组织"五月中国——著名美术家中美巡回展"。展览于4月10日在北京马奈草地进行首展，同年5月3日在美国纽约联合国总部展厅和新泽西州州立博物馆展出。

	策划、组织由中国国家画院与洛阳市政府、陕西省美术家协会和国展美术中心共同推出的"看今朝——中国当代人物画优秀作品展"。 展览于 4 月 24 日在洛阳龙门博物馆展出。 5 月 22 日策划、组织、参加由中国国家画院主办、陕西省美术家协会承办的"时代·人物——中国著名人物画家优秀作品展"暨中国国家画院陕西创作研究中心揭牌仪式，活动在西安市陕西省美术博物馆隆重举办。 5 月 25 日组织、参加由中国国家画院主办，中国国家画院创作研究部、中国国家画院艺术交流中心、中国国家画院（国展）美术中心、中国国际展览中心承办的中国国家画院（国展）美术中心启动暨"美丽中国——中国国家画院美术作品展"。
2013 年癸巳	5 月策划、参加"美丽中国——中国国家画院扇面作品邀请展"。展览于 6 月 25 日在华盛顿展出。 8 月 10 日接待俄罗斯版画代表团来中国国家画院的考察访问。 9 月 23 日率领中国国家画院艺术家代表在美国子午线国际中心进行了合作交流对话。 策划、组织由中国驻纽约总领事馆特邀、中国国家画院主办的庆祝中华人民共和国成立 64 周年"美丽中国——中国国家画院名家扇面作品纽约邀请展"，并赴美国参加艺术交流活动。 展览于 9 月 25 日在中国驻纽约总领事馆开幕。

9月27日率领中国国家画院代表团到达马萨诸塞州波士顿艺术学院交流，在哈佛大学中国项目部刘远立主任陪同下参观和考察了哈佛大学、麻省理工大学等世界一流大学，同时也向哈佛大学的朋友们介绍了中国国家画院的发展情况。

10月5日参加由成都市文化局、四川省诗书画院主办，成都博物馆协会、成都武侯祠博物馆承办的"日新月异——中国画'当代气象'展"。

展览于2013年10月5日在武侯祠美术馆开幕。

"中国国家画院杨晓阳院长文物及艺术作品捐赠仪式"在成都武侯祠"明园"举行，个人向成都武侯祠博物馆无偿捐赠自己收藏的20件拴马桩石雕、40件彩绘陶器。

2013年癸巳 ●

组织申请中国国家画院设立博士后科研工作站工作。2013年8月，中国国家画院获准设立博士后科研工作站。

2013年11月28日，中国国家画院"博士后科研工作站挂牌仪式"在中国国家画院美术馆举行。中国国家画院利用博士后科研工作站的平台创造了更丰硕的研究成果，使中国国家画院的发展迈上一个新的台阶。

策划、组织、参加"写意中国——中国国家画院美术作品展"暨"上善若水·第三届'艺术水立方杯'国际书画大展"。展览于12月3日在北京国家游泳中心（水立方）开幕。

2013 年癸巳

策划、组织巴黎中国文化中心"美丽中国——中国国家画院扇面展览",并于 2013 年 12 月 11 日带领中国国家画院艺术家赴巴黎中国文化中心参加展览开幕活动,之后在巴黎考察写生。

策划、组织"新中国美术家系列展览""新中国美术家系列·江苏省美术作品展览"于 12 月 28 日在中国国家画院美术馆首展,"新中国系列展览"三年间陆续在中国国家画院美术馆展出。

12 月 29 日组织、参加由中国国家画院和柳州市人民政府主办的中国国家画院柳州创作基地授牌暨"写意中国——2013 中国国家画院国画书法柳州展"。

2014 年甲午

56 岁

创作长 10 米《丝绸之路·陕北纪行》等水墨作品。

策划、组织、参加在德国杜塞尔多夫市的德中艺术设计交流协会展厅举行的"美丽中国——中国国家画院扇面艺术展"。

1 月 17 日展览开幕式中,与哈特曼主席携手为"中国国家画院德国创作交流中心"举行了揭牌仪式。

2 月 8 日担任由中国文学艺术界联合会、中国美术家协会、陕西省人民政府主办的"彩绘丝路——中国当代著名美术家丝绸之路万里行"大型文化交流活动代表团长,并率考察团赴希腊、西班牙、法国等地进行考察、采风、写生,受到中国驻希腊大使馆邹肖力大使接见。

154

3 月作为艺术家代表参加第十三届全国政协会议，并提交关于艺术教育不要崇洋媚外，要追求"本土化"的艺术教育和传承传统艺术的提案，题目为《文化教育不要崇洋媚外》。

3 月 11 日接受中国网两会采访。

3 月 12 日受聘担任江苏省中国画学会顾问。

3 月 15 日以"中国美术的写意精神"为题，为由中国国家画院主办，中国国家画院（国展）美术中心、新华社中国金融台承办的"美丽中国——文化艺术公益大讲堂"做学术讲座。

2014 年甲午

3 月 21 日，中国国家画院外籍顾问、外聘研究院聘任仪式在北京中国国家画院（国展）美术中心举行。为法国美术家协会主席雷米·艾融、法兰西艺术院轮值主席（2014）克劳德·阿贝耶、法兰西艺术院院士（版画院）埃里克·德玛杰赫、法兰西艺术院院士（雕塑院）让·卡尔多、法兰西艺术院院士（建筑院）保罗·安德鲁、法兰西艺术院院士（绘画院）皮埃尔·卡隆、美国纽约大都会博物馆亚洲艺术部孙志新 7 位艺术家颁发中国国家画院研究员聘书。

4 月 14 日以"大美为真·中国画五种境界"为主题，为南京宁海中学千余名师生做学术讲座。

4 月 25 日组织召开"中国国家画院丝绸之路创作工程暨第十二届全国美术展览工作会议"。

4 月 26 日出席黄土画派艺术研究院成立十周年庆祝大会。

2014 年甲午 ●

策划、组织"中国国家画院导师工作室教学十周年系列活动",并于 5 月 11 日出席在中国国家画院美术馆举办的展览活动。

5 月担任第十二届中国全国美术作品展览评委并受特邀参展。

6 月 2 日参与撰写丝绸之路美术创作选题专家论证会。

6 月 30 日至 7 月 5 日率代表团访问俄罗斯,获俄罗斯艺术科学院荣誉院士称号。

为俄罗斯艺术科学院采列捷里院长颁发院士证书、证章。

7 月 29 日至 8 月 13 日率领"一带一路"国际美术工程陆路丝绸之路考察团采风,到银川、西宁、敦煌、嘉峪关、张掖、武威、兰州、天水麦积山、宝鸡、西安等地,重走陆路丝绸之路。

策划、组织、参加"中国梦·翰墨缘——中国国家画院、天津画院、江苏省国画院、山东画院、甘肃画院美术作品展"。

展览于 9 月 25 日在天津博物馆开幕。

10 月 15 日出席并认真聆听中共中央总书记、国家主席、中央军委主席习近平在北京主持召开文艺工作座谈会的重要讲话。深入学习讲话精神,于 10 月 22 日组织中国国家画院学习《习近平总书记在文艺工作座谈会上的讲话》。

组织、参加由澳门民政总署主办,中国国家画院、澳门公务人员文化协会协办的"彩汇濠江——当代著名中国画家作品邀请展"。

展览于 12 月 16 日在澳门回归贺礼陈列馆开幕。

2014 年甲午

12 月 23 日带领中国国家画院艺术家在广西美术馆开展"深入生活、扎根人民"主题实践活动,与三江侗族农民画家及广西基层艺术家进行了座谈及文化交流活动。
策划、组织、参加由中国国家画院主办的"写意中国——2014 中国国家画院年展"。
展览于 12 月 27 日在中国国家画院(国展)美术中心开幕。
12 月 31 日参加"一人一品·《中国国家画廊》年度学术邀请展(2014)"在北京时代美术馆的展览。

2015 年乙未

57 岁
创作《苦水社火》系列水墨作品。
为深入学习贯彻习近平总书记在文艺工作座谈会上的重要讲话精神,促进文艺工作者坚持以人民为中心的创作导向,率领中国国家画院艺术家赴延安开始展开为期三天的"深入生活、扎根人民"主题实践活动。
2 月 3 日于甘泉县城关镇杨加砭小学出席中国国家画院和延安百名儿童"手拉手"捐赠仪式,为 100 名小学生捐学费。
3 月作为艺术家代表参加第十四届全国政协会议,并提交关于艺术教育的提案,题目为《当下公民教育中美术教育的缺失》,重新提出中国美术教育在当下的重要意义。
组织、参加由中国国家画院、洛阳市城乡一体化管委会、中共洛阳市委宣传部共同主办的"写意中国——中国国家画院中国画洛阳展"。
展览于 4 月 13 日在洛阳美术馆开幕。

5月8日接待文化部党组书记、部长雒树刚一行来到中国国家画院考察调研，受到充分肯定。

参加由巴黎中国文化中心，中国国家画院，中共庆阳市委、庆阳市人民政府联合主办的"大美无界——杨晓阳、龙瑞、王辅民、雅克·吉耶娜、马蒂娜·德拉乐芙中法艺术家高层交流对话展"，并于6月18日在法国巴黎中国文化中心出席开幕式。

组织、参加由中国国家画院、江苏省文联、南京市江宁区人民政府主办的"写意中国——中国国家画院国画作品展暨中国国家画院同曦创作交流中心揭牌仪式"。

展览于7月3日在南京同曦艺术馆开幕。

2015年乙未 7月12日由《中国书画》杂志社主办的"杨晓阳大写意理论研讨会"在北京举办。薛永年、王镛、张晓凌、陈池瑜、郑工、丁宁、王鲁湘、尚辉、高天民、张惠明、张译丹等国内专家学者参加了此次研讨会。

8月8日组织、参加福建泉州THC－泰华宸美术馆"中国国家画院海上丝绸之路考察采风启动仪式暨中国国家画院美术馆福建分馆揭牌"开幕式，并在福建泉州采风。

组织、参加陕西省美术博物馆"第二届丝绸之路国际艺术节系列美术展"之"写意中国——中国国家画院国画作品展"。

展览于9月7日于陕西省美术博物馆开幕。

9月15日带队赴宁夏回族自治区进行"丝绸之路美术创作工程写生采风暨'双扎根'实践"主题活动，在贺兰县通昌村、同心县五道领村小学，创作了大量的写生作品。

策划、组织由中国国家画院主办，中国国家画院青年画院、中国国家画院美术馆、河北师范大学美术与设计学院承办的"以心接物，走进学院——2015 全国高校青年教师中国画作品展"。

展览于 9 月 30 日在中国国家画院美术馆开幕。

10 月 7 日聘请俄罗斯艺术科学院主席、俄罗斯雕塑家祖拉布·采列捷利为中国国家画院荣誉顾问兼院委、研究员。

10 月 15 日在中国国家画院会议室组织召开中国国家画院"纪念习近平主席文艺座谈会讲话发表一周年座谈会"并谈心得体会。

2015 年乙未 ● 10 月 27 日应乌兹别克斯坦对外友协主席邀请，率代表团一行到访乌兹别克斯坦共和国首都塔什干，就中乌两国美术界如何积极响应由两国领导人共同倡导的"一带一路"国际合作战略而切实加强合作进行了深入而细致的交谈，并在乌兹别克斯坦采风，创作大量写生作品。

策划、组织、参加"2015 中国国家画院丝绸之路采风写生作品展"。

展览于 11 月 12 日于中国国家画院美术馆开幕。

策划、组织成立中国国家画院艺术考古研究所，11 月 30 日出席"中国国家画院艺术考古研究所成立暨林晓先生文物捐赠仪式"。

策划、组织《岁月丹青》文献纪录片拍摄工作。12 月 2 日出席北京金龙潭大饭店举行的"中国国家画院大型美术文献系列影像纪录工程《岁月丹青》60 集（上部）音像出版新闻发布会"。

2015年乙未	申办、筹备《中国美术报》工作。 《中国美术报》2015年1月由国家新闻出版广电总局批准创办，由中华人民共和国文化部主管，中国国家画院主办。 《中国美术报》创刊大会于12月26日在全院领导共同努力下在人民大会堂举行。 策划、组织、参加"写意中国——2015中国国家画院年展"。 展览于12月27日在中国美术馆开幕。
2016年丙申	58岁 7月6日，组织画院教学培训工作，并出席由中国国家画院教学培训中心主办的"中国国家画院2015年导师工作室——杨晓阳工作室结业作品展"。展览于7月6日在中国国家画院美术馆举行，展出首批学员教学成果80余件。 10月4日，组织画院教学培训工作，并出席由中国国家画院教学培训中心主办的"器道并重·一人一品——2016年中国国家画院杨晓阳工作室结业展"。10月4日在中国国家画院美术馆开幕，展出第二批学员教学成果150余件。 10月13日出席国家艺术基金资助项目"中华意蕴——中国油画艺术国际巡展归国汇报展暨2016中国国家画院年展油画院作品展"。展览于10月13日在中国美术馆开幕。 10月17日，在中国国家画院组织召开"丝绸之路·从写实到写意——杨晓阳美术作品展"新闻发布会。

10 月 29 日举办个人展览，由中国美术家协会、中国国家画院、中国美术馆共同主办的"丝绸之路·从写实到写意——杨晓阳美术作品展"。展览于 10 月 29 日在中国美术馆开幕。并举办研讨会。

10 月 31 日，中国国家画院东扩工程奠基落成，参加中国国家画院改扩建工程的奠基仪式。

12 月 5 日，组织、成立中国国家画院七个研究所："工笔重彩研究所""都市水墨研究所""实验水墨研究所""环境艺术研究所""摄影艺术研究所""民艺研究所""玻璃艺术研究所"，并参加院内活动揭牌仪式。

12 月 6 日，组织、参加中国国家画院"一带一路"国际美术工程第三次草图汇看交流会。

2016 年丙申

12 月 12 日，策划、组织、参加由中国国家画院主办，中国国家画院创作研究部，中国国家画院国画院、油画院、版画院、雕塑院、公共艺术院，中国国家画院国展美术中心共同承办的"2016 中国国家画院'一带一路'采风写生作品展"。12 月 12 日在中国国家画院国展美术中心开幕。

由中共广东省委宣传部、广东省文化厅、广东省文联作为指导单位，中国美术家协会、中国国家画院、中国美术馆、广东美术馆主办，广东美术馆、中国国家画院交流部承办，广东省美协、广州美术学院、广东画院、广州画院、广东省中国画学会协办的"丝绸之路·从写实到写意——杨晓阳美术作品展（广东）"，12 月 20 日在广东美术馆开幕。

2017 年丁酉 ●

59 岁

策划、组织、参加由文化部艺术司支持，中国国家画院、江苏省文化厅主办，江苏省国画院、江苏省美术馆、中国国家画院艺术交流部承办的"第五届全国画院美术作品展览"及学术研讨。展览于 2 月 26 日在江苏省美术馆开幕。

3 月 15 日，与乌兹别克斯坦艺术科学院院长 A.B·努里季诺夫在中国国家画院见面，双方就创立"'一带一路'国际艺术联盟"以及推进"'一带一路'国际美术工程"等方面的合作进行深入而切实的交流。

3 月 28 日，组织、实施中国国家画院"一带一路"国际美术工程社会招标选题草图汇看会。

3 月 31 日，由中共甘肃省委宣传部、甘肃省文联、中国美协、中国国家画院、中国美术馆、甘肃省美协主办的"丝绸之路·从写实到写意——杨晓阳美术作品展（甘肃）"在甘肃国际会展中心开幕。

4 月 21 日，策划、组织、出席由中国国家画院和重庆市文化委员会主办的"新中国美术家系列——重庆市国画作品展"。展览于 4 月 21 日在中国国家画院美术馆开幕。

4 月 29 日，由中国美术家协会、中国国家画院、中国美术馆、四川省文化厅、四川省文学艺术界联合会、成都市文化广电新闻出版局联合主办，由四川省诗书画院、四川省美术家协会、成都画院协办的"丝绸之路·从写实到写意——杨晓阳美术作品暨创作文献展（四川）"在四川美术馆开幕。

5月9日，策划、组织、参加中国国家画院主办的"迎接'一带一路'国际合作高峰论坛——中国国家画院'一带一路'主题美术作品展"。展览于5月9日在中国国家画院美术馆开幕。

5月13日，由中共江苏省委宣传部、江苏省文化厅、江苏省文联、中国美协、中国国家画院、中国美术馆主办的"丝绸之路·从写实到写意——杨晓阳美术作品展（江苏）"在江苏省美术馆开幕。

5月27日，端午节前夕，由中共重庆市委宣传部、重庆市文化委员会、重庆市文联、中国美协、中国国家画院、中国美术馆联合主办的"丝绸之路·从写实到写意——杨晓阳美术作品暨创作文献展（重庆）"于重庆美术馆展出。并于5月28日上午，做客重庆美术馆"名家讲坛"，以"中华民族的艺术精神"为主题，为重庆市民做了学术讲座。

2017年丁酉

6月12日，接待法兰西艺术院院士、绘画院院长皮埃尔·卡隆以及通讯院士迪埃·贝奈姆等来宾，参观中国国家画院并交流座谈。

6月17日，由中共河南省委宣传部，河南省文化厅，河南省文学艺术界联合会，中国美术家协会，中国国家画院，中国美术馆等单位主办的"丝绸之路·从写实到写意——杨晓阳美术作品暨创作文献展（河南）"在河南省美术馆开幕。

7月8日，由中共陕西省委宣传部、陕西省文化厅、陕西省文学艺术界联合会、中国美术家协会、中国国家画院、中国美术馆、西安美术学院主办，重回丝路起点"丝绸之路·从写实到写意——杨晓阳美术作品暨创作文献展（陕西）"在西安美术馆开幕。

2017 年丁酉

8月6日至15日，带队赴甘南迭部扎尕那地区，深入生活，扎根人民，进行了为期10天的采风写生。

9月2日，策划、筹建中国国家画院正定美术中心，与正定新区管理委员会达成了合作开发意向协议。

10月16日，策划、组织、实施由中国国家画院主办的"砥砺奋进中的五年——中国国家画院发展成果文献展"，展示了画院"创作、研究、教学、收藏、交流"五项职能齐头并举，多层次、全方位的发展方略。展览于10月16日在中国国家画院美术馆开幕。

11月19日，作为北京师范大学启功书院策划的"坚定文化自信·艺术名家高校行系列文化活动"，由北京师范大学、中国国家画院、北京师范大学启功书院共同主办的"杨晓阳美术创作文献展"在北京师范大学京师学堂开幕。展览期间为师生做学术讲座。

12月22日，组织、参加中国国家画院在延安佛道坪乡开展的"文化迎新、艺术为民——中国国家画院赴延安慰问活动"暨2017年"深入生活，扎根人民"主题实践结对帮扶活动。

2018 年戊戌

60岁

4月27日，作为"坚定文化自信·艺术名家高校行系列文化活动"，由北京语言大学主办的"杨晓阳小幅作品展"在北京语言大学开幕。展览期间为师生做学术讲座。

8月3日至8日，以"脱贫攻坚看凉山"为主题，带队赴凉山采风写生。

10月11日，作为"坚定文化自信·艺术名家高校行系列文化活动"，由首都师范大学、中国国家画院主办，首师大学教育学院和美育研究中心承办的"丝绸之路·从写实到写意——杨晓阳小幅作品文献展"在首都师范大学开幕。展览期间为师生做学术讲座。

组织、筹备、实施文本撰写历时两年，创作耗时五年的"一带一路"国际美术工程国内作品验收评审工作，于11月21日在北京圆满完成。并发表访谈文章：《杨晓阳：中华民族写意精神的实践与探索——"一带一路"国际美术工程国内作品验收评审现场访谈》。

2018年戊戌

策划、组织、参加由中国国家画院主办的"2018中国国家画院'一带一路'采风写生作品展"。2018年12月18日在炎黄艺术馆开幕。

12月15日策划、组织、出席由中国国家画院、广东省文化和旅游厅主办的"新中国美术家系列——广东省国画作品展"。展览于12月15日在中国国家画院美术馆开幕。

12月24日组织、出席由中国国家画院主办，青年画院承办的"写意中国——2018中国国家画院青年画院作品展"。展览于12月24日在中国国家画院美术馆开幕。

61岁

2019年己亥

3月3日，参加全国政协会议，提出议案《建立中国艺术史博物馆势在必行》。

4月27日，由中国美术家协会、中国国家画院、中国美术馆、天津市文学艺术界联合会、

165

天津美术学院联合主办，天津美术馆、中国
文化艺术发展促进会中外人文交流委员会联
合承办，天津画院、天津市美术家协会共同
协办的"丝绸之路·从写实到写意——杨晓
阳美术作品暨创作文献展"在天津美术馆
开幕。

5月25日，由中国美术家协会、中国国家画
院、广东省美术家协会共同主办，岭南画院
等单位承办"丝绸之路·从写实到写意——
杨晓阳小幅作品暨创作文献展"在岭南美术
馆开幕。

2019年己亥

6月6日，由中国美术家协会、中国国家画
院、广东省美术家协会主办，深圳美术馆、
中国文化艺术发展促进会中外人文交流委员
会承办的"丝绸之路·从写实到写意——杨
晓阳小幅作品暨创作文献展"在深圳美术馆
开幕。

8月10日，由国家外文局组织，与龙瑞、马
海方一起赴俄罗斯写生，创作写生作品100
余幅。

附录二

作 品 赏 析

绥德贺家沟小景　30cm×21cm　1990 年

梳辫子的维族少女　26cm×30cm　1985 年

陕北李家沟旧宅一角　21cm×30cm　1990 年

窑洞外的孩子　30cm×20cm　1990 年

黄河的歌　238cm×324cm　1983 年

黄巢进长安　180cm×406cm　1987 年

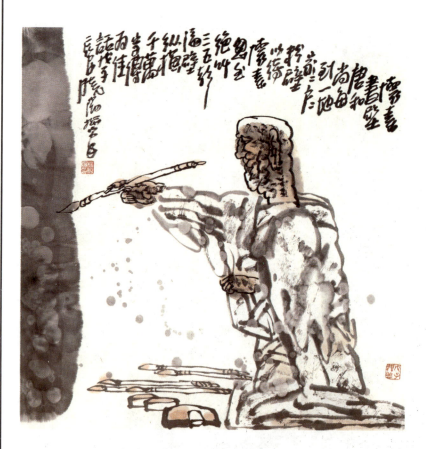

怀素画壁　68cm×68cm　2008 年

晨妆　68cm×68cm　纸本　2007 年

生生不息之四　200cm×600cm　纸本水墨　2012 年

丝路长安　238cm×600cm　纸本设色　2005 年　人民大会堂陕西厅陈列

丝路长安 甲申岁末杨晓阳

丝路风情　159cm×480cm　纸本设色　2012 年　全国政协礼堂陈列

絲路風情　壬辰年楊曉陽制

草原之光　98cm×87cm　综合材料　1994 年

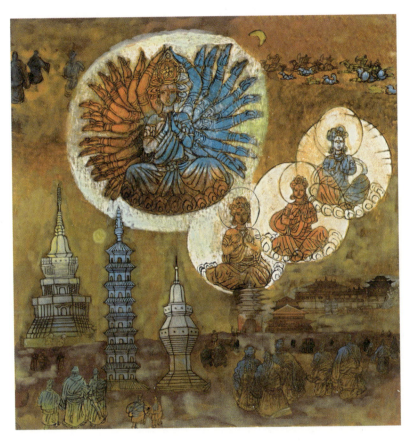

梵音　98cm×94cm　综合材料　1994 年

大河之源　之二　82cm×110cm　纸本设色　1986 年

大河之源　之三　80cm×110cm　纸本设色　1986 年

青海湖　82cm×160cm　综合材料　1994 年

图书在版编目（CIP）数据

大美为真：杨晓阳传／梁腾著. —— 北京：中国文史出版社，2020.2

（政协委员传记丛书）

ISBN 978 - 7 - 5205 - 1641 - 9

Ⅰ. ①大… Ⅱ. ①梁… Ⅲ. ①杨晓阳 - 传记 Ⅳ. ①K825.72

中国版本图书馆 CIP 数据核字（2019）第 257361 号

特约编辑：郭　宏

责任编辑：牟国煜

出版发行：**中国文史出版社**

社　　址：北京市海淀区西八里庄 69 号院　邮编：100142

电　　话：010 - 81136606　81136602　81136603（发行部）

传　　真：010 - 81136655

印　　装：廊坊市海涛印刷有限公司

经　　销：全国新华书店

开　　本：720×1020　1/16

印　　张：13　　　　字数：121 千字

版　　次：2020 年 2 月第 1 版

印　　次：2020 年 2 月第 1 次印刷

定　　价：65.00 元